Markus Bauer

HAUFENWEISE LIEGEN SIE UMHER

ZWEITER WELTKRIEG, OSTFRONT - MIT DEM PAK-SCHÜTZEN LEONHARD MÄRZ BIS IN DEN KESSEL VON TARNOPOL, DAS "KLEINE STALINGRAD"

EK-2 MILITÄR

Druckhinweis:
Libri Plureos GmbH
Friedensallee 273
22763 Hamburg

Verpassen Sie keine Neuerscheinung mehr!

Tragen Sie sich in den Newsletter von *EK-2 Militär* ein, um über aktuelle Angebote und Neuerscheinungen informiert zu werden und an exklusiven Leser-Aktionen teilzunehmen.

Link zum Newsletter:
https://ek2-publishing.aweb.page

Über unsere Homepage:
www.ek2-publishing.com
Klick auf *Newsletter*

Oder via Google: EK-2 Verlag

Als besonderes Dankeschön erhalten Sie **kostenlos** das E-Book »Die Weltenkrieg Saga« von Tom Zola.

Klappentext: Der deutsche UN-Soldat Rick Marten kämpft in dieser rasant geschriebenen Fortsetzung zu H.G. Wells »Krieg der Welten« an vorderster Front gegen die Marsianer, als diese rund 120 Jahre nach ihrer gescheiterten Invasion erneut nach der Erde greifen.

Deutsche Panzertechnik trifft marsianischen Zorn in diesem fesselnden Action-Spektakel!

Ihre Zufriedenheit ist unser Ziel!

Liebe Leser, liebe Leserinnen,

zunächst möchten wir uns herzlich bei Ihnen dafür bedanken, dass Sie dieses Buch erworben haben. Wir sind ein kleines Familienunternehmen aus Duisburg und freuen uns riesig über jeden einzelnen Verkauf!

Mit unserem Label *EK-2 Militär* möchten wir militärische und militärgeschichtliche Themen sichtbarer machen und Leserinnen und Leser begeistern.

Vor allem aber möchten wir, dass jedes unserer Bücher **Ihnen ein einzigartiges und erfreuliches Leseerlebnis** bietet. Daher liegt uns Ihre Meinung ganz besonders am Herzen!

Wir freuen uns über Ihr Feedback zu unserem Buch. Haben Sie Anmerkungen? Kritik? Bitte lassen Sie es uns wissen. Ihre Rückmeldung ist wertvoll für uns, damit wir in Zukunft noch bessere Bücher für Sie machen können.

Schreiben Sie uns: info@ek2-publishing.com

Nun wünschen wir Ihnen ein angenehmes Leseerlebnis!

Moni & Jill von EK-2 Publishing

Leonhard März in Uniform

*Der Krieg hat einen langen Arm.
Noch lange, nachdem er vorbei ist,
holt er sich seine Opfer*

– Martin Kessel -

Vorwort

Der Erste und Zweite Weltkrieg erschütterten das 20. Jahrhundert mit schier unvorstellbarer Gewalt und Schrecken. Der Leidensweg unserer Eltern, Großeltern und Urgroßeltern ist für uns Nachgeborene kaum zu erfassen. Massensterben an der Front, Massenermordungen im Holocaust, Euthanasie, Kinder, die froren, hungerten, zu Tode geängstigt waren. Die Bilder und Geschichten aus den Kriegen machen fassungslos und betroffen.

Mein Großvater starb, als ich sechs Jahre alt war. Er diente in einer Sanitätskompanie der 7. Infanterie-Division und verbrachte zweieinhalb Jahre in sowjetischer Kriegsgefangenschaft. Ich hätte gerne begriffen, wie all das Leid auszuhalten war, doch kann ich ihn nicht mehr fragen. Ich hätte gerne verstanden, wie die Sehnsucht nach Daheim das Leben an der Front bestimmte und wie die Angst, die einen selbst zu zerreißen drohte, überstanden werden konnte.
Heute bin ich der Überzeugung, dass ich es nie verstanden hätte.

Eines Tages erzählte mir meine Mutter beiläufig vom Bruder meiner Großmutter, der nie aus dem Krieg heimgekehrt war. Die bloße Tatsache, dass mein Großonkel nie gefunden worden war, löste in mir das tiefe Verlangen aus, mehr über ihn und sein Schicksal zu erfahren. So begab ich mich auf eine Reise aus Vermisstengesuchen, Anfragen bei verschiedenen Organisationen wie dem Deutschen Roten Kreuz, der WASt (Deutsche Dienststelle für die Benachrichtigung der nächsten Angehörigen von Gefallenen der ehemaligen deutschen Wehrmacht), dem Volksbund für Deutsche Kriegsgräberfürsorge und vielem mehr. Ich erhielt unzählige Dokumente über bestimmte Truppenteile und Kampfhandlungen – dennoch kam ich dem gesuchten Menschen kein Stück näher. Ich wusste nicht, wer er war – nur, dass er einer "verheizten" Generation angehörte, deren Schicksale bedeutungslos geworden schienen.

Als meine Großmutter 2012 verstarb, lernte ich meinen Großonkel schließlich kennen. Brief für Brief. Gehütet wie ein Schatz, vergraben in den Habseligkeiten meiner Großmutter, hatte ich unzählige Briefe und Fotos meines Großonkels gefunden, ordentlich in einer Aufbewahrungsbox abgelegt und jahrzehntelang unangetastet. Ab seinem Einrückdatum 1941 bis zu seinem letzten Gefecht im Jahr 1944 hatte Leonhard März viele Briefe an seine Familie geschrieben.

Ich durfte meinen Großonkel somit kennenlernen. Nicht nur seine Briefe, sondern auch die Erzählungen von Hinterbliebenen prägten mein Bild eines jungen, intelligenten und freundlichen Mannes, der wie so viele seiner Generation noch ein ganzes Leben vor sich hatte, dem aber Friede und Freiheit bis zuletzt verwehrt blieben. Ein Mann, der sich nichts sehnlicher wünschte als Daheim in Frieden bei seinen Liebsten zu sein …

Es ist meine Aufgabe, seine Geschichte zu erzählen.

Ich lade Sie ein, zusammen mit mir der Spur eines Menschen zu folgen, der wie Millionen andere in den Sog des Krieges katapultiert wurde.
Der nie heimkehrte, der seit fast 80 Jahren als vermisst gilt.

Dieses Buch beschränkt sich dabei nicht auf die ungekürzte Wiedergabe seiner Feldpostsammlung. Dieses Buch unternimmt vielmehr den Versuch einer vollständigen Darstellung von Leonhard März' Waffengang. Ich habe daher auch zeitgenössische Zeitungsartikel, Interviews mit Hinterbliebenen, Informationen über die Versuche, ihn zu finden, und vieles mehr zusammengetragen.

Sie profitieren von dem enormen Rechercheaufwand, den meine Familie und ich betrieben haben, um den Leidensweg eines deutschen Soldaten nachzuzeichnen. Dieser Leidensweg steht sinnbildlich für das Los von Millionen Soldaten.

Leonhard März' Schicksal muss heute mehr denn je als Mahnmal dienen, die Geschichte niemals zu wiederholen …

Hinweis

Leonhard März Briefe enthalten viele Rechtschreib- und Grammatikfehler und folgen überdies den Regeln der damals geltenden Rechtschreibung. All die Fehler zu korrigieren, würde bedeuten, die Briefe zu großen Teilen umschreiben zu müssen, was unweigerlich dazu führen würde, ihren Charakter zu verändern und das Zeitdokument, das sie sind, zu verfälschen. Ich habe mich daher dazu entschlossen, die Briefe unangetastet abzudrucken und sie dazu auch in der alten Rechtschreibung zu belassen.

Leonhard März stammte aus Bayern und bediente sich in seinen Briefen gerne der bayrischen Mundart. In Fußnoten finden Sie Erläuterungen zu bayrischen Ausdrücken, auch zu Orten, Namen und Abkürzungen. Zudem möchte ich darauf hinweisen, dass die meisten Briefe für ihr Alter zwar gut erhalten sind, sie jedoch einige nicht lesbare Wörter oder Zeilen enthalten und es fehlen einige wenige Briefseiten. An solchen Stellen habe ich einen entsprechenden Verweis in eckigen Klammern angefügt.

Die Dokumente in diesem Buch, sind Teil meiner privaten Sammlung. Alle Bilder und Dokumente sind ohne ausdrückliche Genehmigung nicht zur Vervielfältigung, als Ausdruck oder zu öffentlichen Zurschaustellung zu verwenden.

Das Kriegsjahr 1941

Postkarte von Leonhard März, Vorderseite

Postkarte von Leonhard März, Rückseite

München den 4. Feb. 41

Liebe Eltern!

Ich bin gut angekommen. Wir haben unser ganzes Zeug gefaßt, drum hätte ich gar nicht mitnehmen brauchen.

Viele Grüße von Hartl.

Abs: Schütze Leonhard März, Inf. Panz. Jäger
Ersatz-Komp. 7 München 14 Adolf Hitler Kaserne

München den 7. Feb. 1941

Liebe Eltern!

Ich bin jetzt schon ganz gut eingewöhnt. Die ersten paar Tage habe ich nicht gut schlafen können. In meinem Zimmer sind die meisten Münchner, lauter pfundige[1] Kerle. Unsere Ausbilder sind auch ganz komot[2]. Den Leutnant haben wir heute das erstemal gesehen, es scheint ein ganz guter zu sein. Der Oberleutnant kann auch keinen schimpfen, es ist ein Münchner. Heute hatten wir Besichtigung durch den Oberst. In ungefähr acht Tagen dürfen wir wahrscheinlich schon ausgehen. Vieleicht können wir unsere Koffer solange hierbehalten bis wir heimfahren können. Wir sind in der alten Kasern einquartiert. Heute habe ich den Wiedenbauer Hans gesehen, er ist schein's[3] auch herinnen[4]. Das Essen ist sehr gut, bereits alle Tage Fleisch, heute hatten wir Schweinernes' mit Kraut[5].

Der Kaffee ist bereits besser wie daheim, es ist sogar ein bißchen Zucker drin. In der Kantine kann man bereits alles kaufen, Brezen[6] bekommt man sogar ohne Marken. Schauts daß ihr die Adressen vom Winkler Sepp, Berger Franz, Wirts Emmeran erhalten könnt und schreibt's es mir.

Einstweilen herzliche Grüße von Hartl

Schütze Leonhard März Inf. Pz. Jäg. Ersatz
Komp. 7 München 13 Adolf Hitler Kaserne

---

[1] toll, großartig
[2] gemütlich, bequem
[3] anscheinend
[4] hier drinnen, drin
[5] Schweinebraten mit Sauerkraut
[6] Brezel

Leonhard März und sein bester Freund, "Winkler Sepp", kurz vor ihrem ersten Kriegseinsatz

München den 9. Feb. 1941

Liebe Eltern!

Habe Euren Brief erhalten, er hat mich sehr gefreut. Ich bin am Samstag im Bett gelegen, ich hatte Grippe. Es liegen jetzt ziemlich viel an Grippe. Den Winkler Sepp habe ich bis jetzt noch nicht getroffen. Ich habe bis jetzt auch noch nicht viel Gelegenheit gehabt zum zusammen kommen. Es sind auch zuviel Junge eingerückt. Bei unserer Komp. sind es 62 Mann, da findet man nicht so schnell die Bekannten heraus.

Ich habe ein schönes Zimmer erwischt, gegen die Sonnenseite. Wir sind im ganzen 14 Mann. Am Freitag hat es in München geschneit. Am Samstag hatten wir 20 cm Schnee, heute früh als wir hinaus schauten war von dem ganzen Schnee nichts mehr zu sehen. Jetzt haben wir ein sehr schönes Wetter, aber wir dürfen nicht aus der Kaserne. Wenn man den ganzen Tag da herinnen umherhockt[7], kommt einen der Tag hübsch lang vor.

Drum kann ich zum Zeitvertreib wieder schreiben. Mir wäre lieber wenn die 8 Wochen Ausbildungszeit vorbei wären, dann wäre ich wenigstens aus der Kaserne heraus. Wir haben zwar nicht sehr viel Dienst, um 6 Uhr in der Früh wecken, mittags zwei Stunden frei und um 10 Uhr abends muß alles in der Klappe sein. Vom eigentlichen Dienst dürfen wir nichts schreiben, wegen Geheimhaltung des Ausbildungsplanes. Wir werden ausgebildet mit Gewehr, Pistole in ungefähr acht Tagen kommt schon das Pak-Geschütz dran, dann werden noch einige am l. M.G. ausgebildet. Es ist hier alles sehr abwechslungsreich.

---

[7] herumsitzen

Der Resl[8] seine Bilderscheck[9] habe ich ganz vergessen gehabt, aber jetzt werde ich schon schauen daß ich eine zusammenbringe. Für heute habe ich nun genug geschrieben.

Einstweilen die herzlichsten Grüße von Hartl

Panzerattrappe für Ausbildungszwecke

München den 16.2.41

Liebe Eltern!

Ich habe den Brief erhalten, er hat mich sehr gefreut. Bei dem schönen Wetter wär ich lieber daheim obwohl es mir hier auch nicht schlecht geht. Aber den ganzen Tag entweder in der Kaserne oder auf den Höfen gefällt mir gar nicht. Wir haben es eigentlich nicht extra streng mit dem Dienst, wenn es gleich klappt sind die Ausbilder auch lustig. Jetzt wird die Ausbildu. interessant mit den Pak-Geschützen. Die Zeit kommt einem hier in der Kaserne wie im Fluge vor, ich denke immer noch ich bin gerade eingerückt, jetzt sind schon beinahe zwei Wochen vorbei. Ich bin zwar froh daß es so schnell geht, denn hier ist es halt doch ganz anders wie zu

---

[8] Schwester Theresia
[9] Eine damalige Art von Sammelkarten

Hause. Wir haben am Freitag die Gasmasken probieren müssen, und damit in einen mit Tränengas gefülltes Zimmer gehen müssen. Da drinnen mußten wir laufen, singen und von der Maske den Vilter abschrauben, kurz auf den Boden stellen und wieder aufschrauben. Wer solange die Luft nicht halten konnte der mußte schnellstens aus dem Raum heraus. Einige haben schon heraus müssen. Ich habe von dem Gas nichts gespürt.

In nächster Zeit müssen wir nach Oberwiesenfeld hinaus zum Üben mit der Pak. Es ist saudumm daß das Postaut[o] am Sonntag nicht mehr geht. Wenn ich mal Nachturlaub bekomme, fahre ich am Samstag abends mit dem Postauto hinaus, und am Sonntag mit dem Rad bis zum Göschl herein. Dann kann ich heimfahren wenn ich fertig bin und ich brauche nicht immer bis abends warten. Am Samstag haben wir immer um 2 Uhr Schlußappell.

Hernach[10] kann ich dann gleich 10 immer fahren. Marken habe ich noch, denn in der Kantine brauchen wir keine und Ausgegangen bin ich erst einmal. Da bin ich allein gewesen, ich bin ins Kino gegangen. Seit so gut und schickt mir von unserem Haus eine schöne Fotografie. Ich könnte auch ein Geselchtes[11] brauchen, am liebsten gekocht und nicht zu viel. Von der Frau Göschl habe ich auch ein Packerl[12] bekommen. Die Nürnberger haben auch geschrieben. Vom Expositus[13] habe ich auch einen Brief bekommen. Heut hat mich der Winkler Sepp besucht. Am Nachmittag gehen wir miteinander in die Stadt.

Die herzlichsten Grüße von Hartl

Schtz. L. M. Inf. Pz. Jäg. Ersatz Komp. 7 Mch. 13 Ad. Hit. K.

München den 9.3.41

Liebe Eltern!

Heute ist es leider nichts geworden mit dem heimfahren, weil ich ausgerechnet Zimmerdienst habe. Einesteils ist es mir wieder lieber, weil ich dann lange Zeit nicht mehr drankomme. Das dumme ist nur daß man immer da sein muß. Am nächsten Montag melde ich mich zum Rapport, damit ich am Sonntag dann heimfahren kann. Am Sonntag muß es aber unbedingt was werden. Ich werde am Samstag Abends mit dem Auto rausfahren. Vielleicht fährt der Winkler Sepp auch mit, wir hättens zwar schon ausgemacht, aber es kann immer allerhand dazwischen kommen. Seit dem letzten Schießen habe ich es etwas schöner, weil die schlechten Schützen jetzt die Pakgeschütze nach Oberwiesenfeld hinaus und herein ziehen müssen. Für die besseren ist es ganz gut. So ein Geschütz wiegt doch 7 Ztr, es läßt sich ganz schön ziehen, hauptsächlich wenns dreckig ist. Der Sepp hat mir auch gesagt daß sie es auch nicht sehr streng haben. Sie haben einen guten Unteroffizier. Ich kann jetzt auch wieder ein bisl eine Brotzeit brauchen, denn wenn man von Oberwiesenfeld hereinkommt hat man schon Hunger. Der Kaffee wird jetzt auch immer weniger süß, drum wär's recht wenn ich Zucker hätte. Wenn Ihr ein Pakl schickt, so tut mir ein Messer hinein weil das andere kaput ist, weil's Fleisch immer so zäh ist.

---

[10] nachher
[11] Geräuchertes Fleisch
[12] Paket
[13] Geistlicher, der einen Seelsorgebezirk leitet

Hier haben wir sehr schönes Wetter, wenn man da so dran denkt wie schön es da draußen ist so könnte man gleich davonlaufen. Besser ist dann schon wenn's wieder irgendwo hinausgeht. Ich denk mir halt die Zeit wird gleich rum sein. Ich hab grad wieder ein Maßl gehabt, weil ich noch rechtzeitig rausgekommen bin. Heute ist ein Zimmerdienst nicht da und jetzt müssen wir alle Stund antreten bis derjenige auch da ist. Da gibt es immer so schöne Arbeiten, da ist mir lieber ich bin früh genug da. Also schickt mir wieder ein bisl ein Geselchtes u. vielleicht noch was anders.

Einstweilen die besten Grüße von Hartl

München den 8.4.41

Liebe Eltern!

Ich muß halt doch noch vor Ostern schreiben, damit Ihr wißt daß der Urlaub genehmigt ist. Es ist doch gut wenn ein Postauto geht, weil diejenigen die mit dem Zug fahren mußten keinen Urlaub bekommen.

Morgen fahren wir nach Hohenfels. Ich habe einen Mercedes zum fahren, den gleichen wie der Beil[14] hat. Ich bin blos neugierig wieviele Wagen ausfallen. Die Strecke ist über 200 km lang. Die meiste Zeit werden wir auf der Autobahn fahren. Ich hab gehört bis Beilngries. Wir haben jetzt rechtes Sauwetter, seit heute früh schneit es ununterbrochen. Es wird so gerade recht auf morgen zum Hohenfels fahren. Wir als Fahrer haben es jetzt sehr schön, man findet immer etwas den ganzen Tag zum umeinanderdrücken[15].

Die herzlichsten Grüße von Hartl

Ich hoffe nur noch daß dem Osterurlaub nichts mehr dazwischen kommt.

Leonhard März als Fahrer

---

[14] Nachname eines Verwandten
[15] etwas zu tun haben

München den 21.5.41

Liebe Eltern!

Das Pakl von dem wir zu Hause geredet haben ist noch nicht eingetroffen. Es ist ja schließlich gleich, denn die Nudel weichen im Kaffee schon auf. In den nächsten Tagen könnt Ihr mir vielleicht ein bisl einen Kuchen schicken weil ich noch nicht weiß ob ich am Sonntag heimfahren kann. Jetzt schauts überhaupt sehr sch[l]echt aus mit dem Urlaub. Es ist leicht möglich daß wir, das heißt die von Auswärts daheim bleiben müssen. Aber die Hauptsache ist daß die Münchner wahrscheinlich auch immer jeden Abend dasein müssen.

Von meinem Zimmer sind jetzt auch zwei Mann abgestellt worden. Im ganzen waren es 15 Mann. Bei dieser Abstellung haben sie zufällig keinen Kraftfahrer gebraucht. Der Oberleutnant hat gesagt, daß er die Kraftfahrer noch besonders notwendig braucht. Heute haben sie uns ein bisl umeinander lassen[16], weil das Singen nicht gleich geklappt hat. Wir haben jetzt einen ganz lapperten[17] Leutnant und einen neuen Feldwebel. Die sind erst von der Front gekommen und jetzt glauben sie daß sie uns aufschwanzen[18] können aber wir denken uns dabei gar nichts, höchstens "L...".

Mich hat es ausgerechnet heute zur Tankwache erwischt drum hab ich auch Zeit um einen so langen Brief zu schreiben. Die übrigen von der Kompanie mußten in den Film "Sieg im Westen" gehen. Mir ist aber gleich die Wache lieber weil ich am nächsten Vormittag frei habe. Ich werde doch probieren ob es zu Pfingsten gar keinen Urlaub gibt, es wäre halt doch wieder was anders auf ein paar Tage daheim als immer in dieser Bude.

Die besten Grüße von Hartl
Auf Wiedersehn!

[In der Aufbewahrungsbox befanden sich zahlreiche Fotos aus dem Ausbildungsbetrieb, die ich Ihnen nicht vorenthalten möchte. Im Anschluss finden Sie eine Auswahl dieser Fotos ohne Kommentierung. Dabei ist auf mehreren Fotos das Panzerabwehrgeschütz 3,7-cm-PaK 36 zu sehen.]

---

[16] Herumkommandieren, weil etwas nicht gleich funktioniert hat
[17] idiotisch oder schwächlich
[18] antreiben

München den 8.7.41

Liebe Eltern!

Ich war gestern Abend ganz überrascht als ich in die Kaserne hereinkam, es war kein Mensch zu sehen. Heute habe ich erfahren daß schon bereits alle abgestellt sind. Es sind uns noch ungefähr 20 Mann jetzt die vielleicht schon morgen wegkommen, wohin wissen wir nicht wahrscheinlich zur 7. Division. Wir sind heute schon eingekleidet alles neu.

Einstweilen die herzlichsten Grüße an Alle von Hartl

den 16.8.41

Ich bin jetzt in der Nähe von Warschau. Bis jetzt ist die Fahrt noch ganz schön gewesen. Das Essen ist auch gut, nur mit dem Trinken fehlts, Wasser darf man keins trinken. In Polen kennt man vom Krieg bereits gar nichts mehr höchstens ein paar Granatlöcher oder ein zusammengeschossenes Haus. Wir sind am Mittwoch abend in München weg über Landshut, Regensburg, Hof, Dresden nach Warschau, wie die polnischen Nester alle heißen weiß ich nicht. Wir werden wahrscheinlich in Richtung Smolensk Moskau weiterkommen.

Viele Grüße an Alle von Hartl

Pruszkow den 17.8.

Liebe Eltern!

Die Fahrt von München bis hierher war ganz schön. Am Mittwoch sind wir in München weggefahren, gegen Abend kamen wir nach Regensburg. Am Donnerstag in der Früh waren wir in Hof, dann gings weiter über Dresden, Lodz, d.i. Litzmannstadt bis hier her nach PRUS-ZKOW. Das ist ungefähr 15 km westlich Warschau. Es ist hier sehr heiß und staubig, es gibt keine gescheiten Straßen höchstens in den größeren Dörfern sind die Straßen gepflastert mit Feldsteinen da geht das marschieren gut, einmal fällt man links dann wieder rechts. Zum Trinken gibts auch bereits nichts, Wasser soll man nicht trinken, das Bier wenn es doch einmal eins gibt ist sehr teuer eine Halbe 2 Mark. Wir sind jetzt in diesem Nest schon 4 Tage, zu lange dürften wir nicht mehr hierbleiben da ging das Geld schnell aus, ein Gutl[19] kostet 15 [?], ein kg Kirschen 2,50 M. Heute sind wir in Warschau gewesen und haben uns die Stadt angeschaut, vom Krieg kennt man nicht mehr viel, nur in der Umgebung des Bahnhofes ist noch was zu sehen. In der Stadt selber höchstens an den Häusern Kugeleinschläge. Wir wissen jetzt überhaupt nicht was mit uns los ist, einmal heißts wir fahren bis Minsk und marschieren dann weiter, ein andermal wieder wir müssen in die Ukraine. Wenn wir nur bald von diesem Drecknest wegkommen würden, sonst geht wieder die Exerziererei an. Wir dürften überhaupt noch nicht schreiben, drum gehts auch nicht durch die Feldpost. Wir geben unsere Post immer den Urlauberzügen mit. Wenn wir weiter kommen schreibe ich schon wieder.

---

[19] Bonbon

Die herzlichsten Grüße an Alle von Hartl

Bob[r]uisk den 23.8.41

Liebe Eltern!

Am Dienstag den 18. August sind wir von Pruskow weggefahren. Vorher hat jeder Mann 45 Schuß Munition bekommen. Es hat geheißen daß versprengte Russen die Transporte überfallen und darum haben wir schon Schießzeug erhalten. Wir fuhren über Warschau, Brest Litowsk Baranowitschi nach Minsk. Von Brest Litowsk weg sieht man schon mehr vom Krieg. Alle Augenblicke sieht man zerschossene Panzer ausgebrannte Autos und entgleiste Eisenbahnzüge. Die Bahnhöfe sind fast sämtlich zerstört, die größeren Dörfer ebenfalls. Mit der Ernte sind die Leute noch weit hinten, es ist noch fast das ganze Getreide draußen. Wir haben jetzt hier seit Warschau schlechtes Wetter und es ist saukalt. Es ist sehr langweilig zum Fahren weil das Gelände alles Scheureben ist, dazwischen wieder Wald. In der Hauptsache ist hier Sumpf und Gebüsch. Das richtige Gelände für die Heckenschützen.

Kleinere Gebiete sind vollkommen abgebrannt, es stehen nur noch verkohlte Baumstümpfe dazwischen liegen abgeschossene Sowietflugzeuge, stehengebliebene Flakbatterien Panzerabwehrgeschütze und Panzer. Vereinzelt sieht man auch Soldatengräber. Wir sind jetzt in einem Ort von den nicht mehr viel steht, hier standen ein paar russische Munitionszüge die durch Fliegerbomben mit dem ganzen Dorf in die Luft flogen. Am Freitag Abends den 22. waren wir in Minsk, wir sind die ganze Nacht durch gefahren, jetzt sind wir in Pobruisk [Bobruisk]. Wir werden ausgeladen, wissen aber nicht ob wir nicht weiter mit der Bahn befördert werden, wir haben noch 100 km bis an die Front. Heute werden wir wahrscheinlich mit Fahrzeugen abgeholt.

Viele Grüße an Alle von Hartl
Auf Wiedersehn!

Zerstörter Zug

Russland den 2.9.41

Liebe Eltern!

Endlich habe ich eine Adresse bekommen, es hat lange genug gedauert. Wir sind jetzt schon so weit an der Front daß man schon das Donnern der Kanonen hört. Ich kann bereits schon nicht mehr schreiben weil ich kein Briefpapier mehr hab u. hier bekommt man überhaupt nichts. Wenn Ihr mir was schickt, so schickt meinen Federhalter, Papier, Badehose und vielleicht 1 Schachtel Süßstoff. Wir haben kein Glück gehabt weil wir zu einer Preußischen Division gekommen sind ich bin jetzt bei der 5 cm Pak.

Viele Grüße von Hartl

Soldat L. März Feldpostn. 17200

Rußland den 8.9.41

Liebe Eltern!

Wir sind jetzt immer im Vormarsch und es geht mir ganz gut. Trotzdem wir dauernd fahren kommen wir der Infanterie nicht nach wegen der schlechten Wege. Wir kommen so ungefähr jeden Tag 6-8 wenns gut geht 10 km vorwärts. Der Dreck ist Knietief. Wo wir uns jetzt befinden weiß ich nicht, es geht keine größere Stadt her. Gestern habe ich den ersten russischen Flieger gesehen. Wir hören das Knattern der Gewehre und M.G. immer in gleicher Form, bis zu den Artillerie Stellungen kommen wir manchmal dann bleiben wir wieder stecken. Vom Krieg spürt man in dieser Gegend fast nichts, uns gehts also nicht sch[l]echt es gibt Hühner und Obst genug. Das ist auch gut, denn unser Troß[20] kommt meistens erst alle 3-4 Tage einmal mit Verpflegung. Für heute hab ich nun genug geschrieben.

Viele Grüße an Alle von Hartl

Wo ist denn der Winkler Sepp
Feldpostn. 17200

Rußland den 11.9.41

Liebe Eltern!

Ich bin noch immer gesund und es geht mir noch ganz ganz. Bei den Preußen hab ich mich schon ganz gut eingewöhnt. Es ist fast ganz Deutschland in der Komp. vertreten.
… [Nicht lesbar] sind 20 Bayern und 10 Österreicher hergekommen, außerdem sind noch Sachsen, Rheinländer, Thüringer hier. Wir haben vom Krieg noch nicht viel gespürt, einmal wurden wir eingesetzt. Am 9.9. waren wir auf dem Vormarsch von Borsna [Borshnya] nach

---

[20] Teile einer Einheit, die im rückwärtigen Raum der Front Transport- und Versorgungsaufgaben übernehmen

Stodoli [Stodoly], wir haben gerade unser Nachtlager aufgeschlagen da kam der Einsatzbefehl wir mußten der Infanterie zu Hilfe kommen. Als wir hinkamen ging die Inf. schon langsam zurück. Mit uns kamen noch 2 Sturmgeschütze nach vorne, an meinem Geschütz haben wir 9 Schuß verfeuert dann sind die Russen getürmt.

Unsere Infanterie geht immer viel zu schnell vor, da kommt die Artillerie nicht mehr mit und wenn das die Russen merken machen sie Gegenstöße. Nur vor den Sturmgeschützen und der Pak haben sie Respekt. Bis heute sind wir zweimal in Artilleriefeuer gekommen, das ist verdammt unangenehm erst hörst den Abschuß, das Scheußlichste ist das heranpfeifen da denkt man wo wird die hinhauen. Ich habe das schon fast gewöhnt es macht mir gar nichts mehr viel aus wenn die Russen mal ein paar Schuß herüber jagen, es schießt dann gleich immer unsere Ari hinüber dann verschwinden sie wieder nach rückwärts. Mit den Fliegern haben wir nicht viel zu tun. Seit ich an der Front bin hab ich 5 Abschüsse gesehen, aber jeder brennend.

den 18.9.41

Liebe Eltern!

Ich bin immer noch gesund und es geht mir ganz gut. Gestern haben wir den Russen das Laufen gelernt. Sie haben hübsch viel liegen gelassen man kann da schon allerhand finden. Einige haben schon prima Ferngläser gefunden, alles noch Fabrikneu. Wenn nur der Krieg bald zu Ende ginge daß wir wieder heim kommen.

Viele Grüße an Alle von Hartl
Auf Wiedersehn

27.9.41

Liebe Eltern!

Ich kann jetzt keinen Brief mehr schreiben weil ich keine Kuver mehr habe. Solange man welche hat kommen immer wieder Kameraden um eines. Feldpostbriefe haben wir auch noch nicht bekommen höchstens ein paar Karten. Ich bin gesund und es geht mir noch ganz gut. Wir sind jetzt auf dem Rückmarsch aus Richtung Kiew nach Moskau. Gestern sind wir von der Front weggefahren, nachdem der Kessel um Kiew erledigt ist. Jetzt marschieren wir wieder in unserer ursprünglichen Richtung ob wir direkt nach Moskau kommen weiß niemand. Bei Nacht ist es jetzt schon immer saukalt wie wird das erst werden wenn Schnee liegt. Heute haben wir einen Ruhetag. Wir haben große Wäsche gehalten. Unsere Sachen sind tadellos sauber geworden ich hätte nicht gedacht daß wir das Waschen so gut los haben. Ich kann hier nicht alles schreiben weil der Platz zuwenig ist aber vielleicht bekomme ich irgendwoher einen Briefumschlag dann schreib ich mal etwas mehr.

Einstweilen herzliche Grüße von Hartl

Rußland den 2.10.41

Liebe Eltern!

Wir sind jetzt wieder auf Vormarsch. Es geht mir immer noch ganz gut. Verschiedene von uns sind schon krank geworden, meistens Erkältungen. Ich bin ab heute Fahrer des Zugführers geworden, es wäre ganz schön, wenn nur die Wege etwas besser wären. Bis jetzt habe ich noch keine Post bekommen, es wäre schon bald Zeit weil ich von daheim gar nichts mehr höre. Das Wetter ist meistens schön, aber saukalt, wir werden wahrscheinlich den Winter über dableiben.
Hoffentlich wird der Krieg bald aus.

Viele Grüße an Alle von Hartl
Auf Wiedersehn

Rußland den 19.10.1941

Liebe Eltern!

Endlich kann ich mal wieder einen Brief schreiben weil wir etwas Briefpapier kaufen konnten. Mir geht es noch ganz gut. Es ist nur gut daß wir immer mehrere Tage in einem Dorf liegen, zurzeit leben wir sehr gut. Hier gibt es Gänse und wir haben auch Honig entdeckt. Es ist auch gut daß wir überall etwas zu Essen finden, denn unsere Verpflegung kommt meistens nicht nach vor lauter Dreck.
Ich bin jetzt Fahrer von unserm Leutnant. Es wäre alles ganz schön wenn wir nur ein anderes Fahrzeug hätten. Ich habe einen BMW Wagen, er hat nur den Fehler daß er zu niedrig gebaut ist. Die Straßen bestehen hier aus lauter Gräben und Löchern da ist sehr schlecht vorwärts zu kommen. Wenns nicht gefrohren ist geht es noch besser weil der Dreck nachgibt. Wir wissen fast überhaupt nicht mehr was los ist, wo der Feind ist und wo eigene Truppen sind. Vor ein paar Tagen sind die Russen irgendwo hinter uns durchgebrochen und hatten uns abgeschnitten, dabei haben sie auch die Nachschubstraße von Guderian … Panzerdivision unterbrochen. Der Nachschub wurde von Fliegern aufrechterhalten. Wir folgen jetzt den Panzern als Sicherung. Wir sind jetzt ungefähr noch 350 km südöstlich von Moskau.
Die Verpflegung wäre sehr gut wenn sie nur immer nachkommen würde. Es gibt fast alle Tage Schokolade. Die Post kommt überhaupt nicht nach, ich hab noch überhaupt keine Post bekommen, die anderen auch schon fast 4 Wochen keine mehr. Wir haben einen Haufen Geld hier, man weiß nicht was man damit anfangen soll. Es gibt keine Zahlkarten damit man es heimschicken könnte. Ich hab jetzt schon über 120 M beisammen. Bei uns hört man jetzt immer daß wir abgelöst werden sollen und nach Deutschland zurückkommen. Ob das wahr ist weiß jedoch kein Mensch. Vielleicht wird jetzt der Krieg doch bald dem Ende entgegen gehen es wäre schon Zeit dazu. Das durchkommen wird immer schlechter.
Heute ist ein Kradfahrer der in der Werkstattkompanie war zurückgekommen. Er erzählte daß von Nowgorod bis hierher unzählige Fahrzeuge im Schlamm festsitzen. Wenn man da wieder heruas will muß schon ein Raupenschlepper heran, oft schaffen es auch die nicht mehr. Wir haben jetzt meistens Regenwetter, oder es ist alles steinhart gefrohren. Jetzt liegen wir in einem Dorf an einem Fluß, wie es heißt weiß niemand da gibt es sehr viele Gänse, es ist zwar verboten Gänse zu schlachten aber es wird trotzdem gemacht. Wir haben uns auf längere Zeit eingerichtet. Es liegen hier der Regimentsstab und die 14. Komp.

Wir wissen fast nicht was wir den ganzen Tag machen sollen, meistens wird Kartengespielt. Es ist gut daß beim Zugtrupp zwei Nichtrauchen sind denn unser Leutnant raucht sehr viel. Wenn ihm mal die Zigaretten ausgehen ist er nicht gut zu sprechen, aber das macht uns nicht viel aus. Es wird jetzt schon wieder dunkel trotzdem es erst 1/2 4 Uhr ist. Hier ist alles ganz anders als bei uns. Es wird einem fast langweilig nichts zu lesen, das einzige was man machen kann ist Läuse und Flöhe fangen.

Viele Grüße an Alle von Hartl
Auf Wiedersehn! hoffentich bald

Rußland den 25.10.41

Liebe Eltern!

Da wir noch immer keine Post erhalten haben weiß ich nicht wie viele Briefe nicht angekommen sind. Wir sind jetzt fast ganz von der Welt abgeschnitten, wir können kaum noch unsere Verpflegung holen. Eigentlich kann man fast nicht mehr Verpflegung sagen weil es fast nichts mehr gibt als Brot und dann 1 Brot für vier Tage. Ab und zu gibt es noch Schokolade. Wenn wir mehr Brot hätten, gings uns nichts ab.

Wir sollten bis 30.10. in Orel sein, das sind ungefähr 100 km, aber wie wir bis dahin kommen sollen weiß niemand von uns. Die Rollbahn das heißt die Straße ist nur für geländegängige Fahrzeuge befahrbar. Wir bleiben eben solange hier, bis wir entweder abgeschleppt werden oder bis der Dreck friert. Hier gehen so allerhand Parolen herum, einmal heißt es in Orel werden wir verladen nach Jugoslawien ein andermal nach Berlin oder Frankreich, welche davon stimmt oder ob wir überhaupt in Rußland bleiben weiß niemand.

Gestern haben wir mit der Pak scharf geschossen, es wurde hauptsächlich gemacht weil wir so viel Munition hatten. Im Einsatz haben wir ungefähr 50 Schuß verballert. Wir konnten die Munition nicht mehr alle mitnehmen weil die leeren Fahrzeuge nicht mal durchkommen. Es hatte jeder Mann 4 Schuß, in unserem Zug sind 21 Mann es sind also eine schöne Anzahl Granaten gewesen die wir in den Dreck geschossen haben. Ich habe von diesen 4 Schuß 3 Treffer erziehlt.

Wir haben uns hier eingerichtet auf längere Zeit so gut es ging. Von den Fahrzeugen die Batterien herausgenommen und in den Holzbuden Licht gemacht. Es ist extra ein Wagen hergerichtet zum aufladen der Batterien. Die Leute haben sowas noch nicht gesehen, sie trauen sich nicht mehr zu nahe hin, es ist auch gut, dann sind wenigstens die Läuse weiter weg. Was die Russen hier im Winter machen weiß ich nicht, sie haben kein Holz, die Kartoffeln sind noch auf dem Acker, aber sie hocken trotzdem den ganzen Tag in der Hütte. Wir haben uns jetzt schon Holz besorgt, da sind von Fliegerbomben eingefallene Häuser die brennen sehr gut. Es ist gut daß ich etwas Ahnung von Sägen feilen habe, sonst könnten wir trotz Holz erfrieren, denn die Sägen die sie hier haben sind genau so als wenn man mit einem Stück Eisen Holz sägen will.

Wir sind für den Winter hier eingerichten und warten nur ob wir noch vorher wegkommen oder tatsächlich hierbleiben. Alles wartet nur noch auf Post, alles andere ist Nebensache, drum wäre es besser wenn wir nach Orel kämen, da gibt es wenigstens Bahnverbindung. Es heißt auch immer unsere Post soll in Orel liegen. Hier ist immer das gleiche, um 1/2 7 Uhr aufstehen hin und wieder Waffen reinigen, dann gehen wieder ein paar auf Gänsejagd so vertreibt man

24

sich die Zeit. Jetzt hört man immer von Exerzieren aber in diesem Dreck wird nicht viel los sein. Das wichtigste ist zunächst Post.

Viele Grüße an Alle von Hartl
Auf Wiedersehn!

Vielleicht könnt Ihr mal ein gutes Taschenmesser schicken, das jetzige ist schon bereits kaput vom Büchsen aufmachen. Wenn möglich mit Büchsenöffner.

den 7.11.41

Liebe Eltern!

Wir sind noch immer im gleichen Nest am Fluß Sefk. Es ist ganz gut zum Aushalten trotzdem es mit der Verpflegung öfters nicht klappt. Wenn wir nur endlich mal Post bekommen würden, man weiß überhaupt nicht kommt noch Post nach Hause oder nicht. Am Sonntag fur ein Trecker nach Orel um unsere Post die da liegen soll bis jetzt ist er noch nicht zurück. Er braucht zwar schon 2 Tage hin und wenn die Post noch nicht sortiert war kanns noch ein paar Tage länger dauern.

Wir haben jetzt fast gar keinen Dienst, die Fahrer meist technischen Dienst an den Fahrzeugen, die anderen Geschützexerzieren. Wir haben an den Fahrzeugen nicht mehr viel zu machen, alle Tage die Motoren laufen lassen. Ich muß mit meinem Zugführerwagen für Licht sorgen. Sonst hockt man halt in der Stube und schaut zum Fenster hinaus. Der Leutnant ist auch sehr zünftig[21], es wird Karten gespielt und die paar Romane die in der Kompanie sind immer wieder gelesen. In dem Dorf sind jetzt die 314. Kompanie und der Regimentsstab. Das schönste Leben im Kriege hat doch die Musik. Ab und zu spielen sie ein wenig, das einzige ist hier daß sie mit uns Wache stehen müssen. Die Wache ist das einzige unangenehme, es ist oft saukalt und wir haben keine Winterkleidung.

Unsere Kompanie hat eine Brücke zu sichern. Soeben erhalten wir die Nachricht daß der Abmarsch auf unbestimmte Zeit verschoben worden ist. Wir werden wahrscheinlich den Winter über in Russland bleiben, es ist mir fraglich wo. Am meisten fehlt was zum lesen.

Seit sechs Wochen haben wir keine Löhnung mehr erhalten es hat mal geheißen, daß das Geld den Russen in die Hände gefallen sei, ich glaub aber daß wir es nicht bekommen weil man es jetzt doch nicht schicken kann, es ist doch zu riskant. Ich bin blos neugierig wieviel Briefe nicht den Bestimmungsort erreicht haben. Wo sind denn die andern, der Berger Franz, Winkler Sepp, Wirts Emmeran wahrscheinlich auch irgendwo in Russland.

Bei uns wird jetzt alles mögliche gesammelt Silberpapier für den Christbaum, Zigarettenstange für den Leutnant, Zigarettendrehen ist große Mode. Ich und noch einer waren vor ein paar Tagen auf Gänsejagd, sie sind jetzt schon seltener geworden. Wir fuhren mit einem Kahn den Fluß abwärts es war ein Glück daß wir ganz dicht am Ufer blieben denn das Schiffchen ging ganz plötzlich unter, wir beide waren mit einem Satz an Land. Wir waren naß bis über die Knie aber 2 Gänse haben wir doch gekriegt. Aufs Wasser gehe ich nicht mehr.

Viele Grüße von Hartl
Auf Wiedersehn!

---

[21] gut, waschecht, ordentlich

25

Russland den 17.11.41

Liebe Eltern!

Endlich habe ich mal Post bekommen und zwar am 15., es waren eine ganze Menge Briefe und Päckchen. Die Uhr und den Füllfederhalter habe ich erhalten, es ist alles auch in Ordnung. Die Wintersachen sind auch angekommen, die sind sehr gut zu gebrauchen, weil wir sonst noch überhaupt nichts haben. Wie Ihr mir geschrieben habt soll auch ein Päckchen mit Fleisch unterwegs sein, bis jetzt hab ich es noch nicht, aber vielleicht bekomme ich es heute, es gibt nämlich wieder Post. Dem Magerl seine Adresse hab ich auch nicht mehr und auf dem Packl von der Uhr stand auch nur die Münchner droben. Ich werde halt nach München schreiben. Von Göschls hab ich auch mehrere kleine Pakl mit Keks und so ähnliches bekommen, den Sacherin hab ich auch erhalten.

Wir befinden uns zurzeit in der Nähe von Orel auf ein paar Tage dann gehts wieder weiter nach Osten. Hier ist es auch nicht sehr angenehm weil andauernd die russischen Flieger da sind. Bei uns direkt haben sie zwar noch keine Bomben geworfen aber in dem 10 km entfernten Orel hauen sie ganz schön um. In dieser Gegend wo wir sind gibt es fast überhaupt nichts. Die Packl sind grad zur rechten Zeit angekommen, wir hatten jetzt 5 Tage keine Feldküche nur das bißchen kalte Verpflegung. Von den Münchnern und denen mit den ich in der Kaserne beisammen war bin ich jetzt auseinander, ich verstehe mich mit den andern auch sehr gut es macht mir also schon fast nichts mehr aus.

Soviel ich vom Leutnant gehört habe werden die leichten Züge, das sind die 3,7 cm Pak bespannt, nur die 5 cm bleibt mot[22]. und es soll dem Winter der Vormarsch weitergehen damit sich die Russen nicht mehr festsetzen können, wie weit wir noch marschieren sollen weis natürlich niemand, das gemeinste ist hier daß man bei Dunkelheit sich nicht mehr draußen auf freier Strecke befinden darf, es ist da schon allerhand vorgekommen.

Es wird jetzt aber alles was sich draußen so herumtreibt erschossen. Alle Augenblicke liegen irgendwo auf dem Feld oder an den Wagen erschossene Russen das wirkt doch abschreckend. Also bis jetzt ist noch nichts passiert und es wird bei uns hoffentlich auch nichts mehr passieren.

Mit dem Kriegsende wird es wohl noch nichts werden.

Viele Grüße von Hartl
Auf Wiedersehn!

Den Süßstoff braucht Ihr nicht mehr mitschicken. Vielleicht mal etwas Schuhcreme. Vielleicht aber etwas gedörtes Obst.

---

[22] Abkürzung für motorisiert

Soldaten vor zerstörtem Haus. Im Mittelgrund links gut zu erkennen sind die 3,7-cm-PaK 36

21.11.41

Liebe Eltern!

Am selben Tag als wir wieder abrückten erhielt ich noch das Packl mit dem Geselchten. Ich kann es jetzt auf dem Vormarsch ganz gut gebrauchen, weil unsere Verpflegung ziemlich knapp ist. Auch das Gebackene ist ganz gut, hauptsächlich in der Früh zum Kaffee, da hat man sonst meist nichts weil das Brot auch etwas knapp ist. Jeweiter wir nach Rußland hinein-kommen, desto schlechter werden die Quartiere, aber dafür gibts wieder Hühner. Die Leute arbeiten den ganzen Tag nichts, von was die Leben wenn mal richtig alles eingeschneit ist weis ich nicht. Die haben ein paar Kartoffeln und etwas Kohl und davon leben Sie. Die Ernte ist zum größten Teil noch auf den Feldern, wir sind da kilometerweit an Hanffeldern vorbeige-fahren. Mäuse gibt es hier sowas hab ich noch nie gesehen, man kann kaum einen Schritt gehen ohne eine zu zertreten. Wir haben bis jetzt in jedem Dorf eine Kirche gesehen, es sind aber alle zerstört. In jedem Haus aber findet man Heiligenbilder man kann hineinkommen wo man will. Wir haben jetzt auch unsere Winterbekleidung erhalten, es ist ein Übermantel, Kopfschüt-zer, Handschuhe und Überstrümpfe, erfrieren kann man also nichtmehr. Ich habe jetzt noch ein paar Bilder erhalten, aus der Zeit als ich noch in München war. Es wurde an dem Tag als wir abmarschierten fotografiert.

Viele Grüße von Hartl!
Auf Wiedersehn!

Dieser Brief wird wahrscheinlich länger brauchen weil wir auf dem Marsch sind. Wir sollen jetzt bis zum Don.

Das erwähnte Foto aus dem Feldpostbrief

Rußland den 27.11.41

Liebe Eltern!

Wir sind jetzt wieder soweit vorgerückt daß wir Kanonendonner und Maschienengewehr-feuer hören. Jetzt ist es überhaupt gefährlich wenn man sich auf dem Marsch befindet wegen der Flieger. Gestern haben russische Jäger eine Artillerieabteilung angegriffen, es gab 6 Ver-wundete und 6 Pferde gingen drauf. Bei unserer Komp. ist es so, daß jeden Tag 8 Mann gehen müssen weil auf den Fahrzeugen zuwenig Platz ist, es muß immer Benzin mitgeführt werden. Ich gehe auch lieber jeden Tag 5-10 km als auf einem Wagen hocken und recht erfrieren, meistens kann man querfeldein laufen.

Bis jetzt haben uns die Flieger noch nicht beschossen, es sind auch blos noch 2 Wagen. Ein Geschützwagen ist schon 8 Tage nicht mehr bei uns, er fuhr in einen Graben und es ist fast der ganze Karren in Trümmer gegangen. Heute ist unser letztes Geschütz nach vorne gefahren, es sind jetzt bei uns noch 10 Mann und der Chef und wir marschieren mit der Stabskompanie.

Die Russen haben sich sehr gut eingebaut und haben alle möglichen automatischen Waffen. Jeden Tag ungefähr drei bis vier mal schießen sie mit automatischen Granatwerfer. Jeder Werfer hat ungefähr 25-30 Schuß, die so nacheinander angebraust kommen. es hört sich an wie ein Gewitter. Wenn man da grad ist wo die Dinger einschlagen bleibt nicht mehr viel übrig. Mit den Geschützen ist es dasselbe, die haben jetzt Zeit gehabt zum einbauen. Es sollen Geschütze dastehen die so ähnlich wie ein Trommelrevolver schießt, immer 6 Schuß nacheinander. Es müssen erst wieder die Stuckas kommen dann laufen die Russen wieder davon, aber bis jetzt sieht man von den deutschen Fliegern sehr wenig. Wenn die Russen erst wieder im Laufen sind gehts schon wieder dahin. Ich bin jetzt noch außer Schußbereich der Russen, aber das nächste Dorf befunken sie ganz schön. Bei den Leuten wo wir jetzt sind gehts uns noch ganz gut und sie sind auch sehr freundlich es sind nur noch Weiber und Kinder da. Nach rückwärts haben wir schlechte Verbindungen es kommt die Post, weil die nicht so wichtig ist, sehr spärlich nach. Sonst gehts mir gut und bin noch gesund.

Viele Grüße von Hartl
Auf Wiedersehn!

1.12.41

Liebe Eltern!

Wir haben jetzt wieder einmal die sogenannte "Ruhe vor dem Sturm" und da muß man die Zeit ausnutzen zum Schreiben, wenn wir erst wieder vorrücken ist es wieder vorbei. Es wurden Sturmgeschütze, Heeresflack und Artillerie angefordert und sobald das alles eingetroffen ist, wird wieder angegriffen. Man hat allerdings schon gehört daß die Sturmgeschütze eingebrochen sein sollen über eine Brücke, nichts genaues ist auch nicht bekannt. Soviel haben die Spähtrupps herausgekriegt, daß die Russen ihre Stellungen unverschämt ausgebaut haben, sie haben alle möglichen automatischen Waffen eingesetzt. Der Granatwerfer hat von 16-48 Schuß und ist auf einem Lastwagen montiert, er hat auch alle möglichen Kaliber von 3-5 cm - 15 cm und schießt bis 8 km. Sie haben auch sonst noch alle möglichen Neuigkeiten herangeschafft. Wir haben zwar auch neue Waffen aber die werden noch nicht recht gezeigt, wir haben nur von einem neuen Geschütz gehört das probiert wurde. Es hat 4 Rohre wie die Vierlingsflack und schießt vier verschidene Geschosse, wo so eine Salve hinhaut soll im Umkreis von ungefähr 100 Meter überhaupt nichts Lebendes mehr zu finden sein. Die Russen sollen daraufhin Flugblätter abgeworfen haben mit der Aufschrift, wenn die Geschütze weiter verwendet werden fangen sie mit Gas an, aber das werden sie sich schwer überlegen denn unsere Gasbomben warten schon darauf. Man muß hier sehr vorsichtig sein weil alles vermint ist, gestern haben die Pioniere in der Umgebung von unserm Dorf über 200 Minen unschädlich gemacht, weil vorher ein Mann beim Stroh holen von den Mienen auf den Feldern in die Luft geflogen ist.

Vorher haben die Bolschewiken alle Getreideschober angezündet, jetzt haben sie sie alle vermint. Zurzeit können uns hauptsächlich die Flieger gefährlich werden, die sind fast alle Tage über unseren Nachschubwagen zu sehen, es ist nur gut daß sie nicht viel treffen, sie haben

29

zuwenig Schneid[23] sie trauen sich nicht richtig ran. Es sind meistens englische Maschienen. Wenn erst wieder der Angriff losgeht werden die deutschen Flieger auch wieder zu sehen sein, dann sieht man sowieso keinen Russen mehr. Unsere Postverbindung ist zurzeit wieder sehr schlecht der Troß liegt noch bei Orel, die Züge sind verteilt auf die Battalione nur der M Zug d.h. der schwere 5 cm Packzug ist Reserve beim Regiment.

Bis da die Post verteilt und sortiert ist vergeht eine lange Zeit, mit dem zurückbringen ist es genau so. Dann ist wieder plötzlich irgendwo ein Überfall, ich möchte wissen wieviel schon verloren gegangen ist. Wir sind jetzt doch schon fast 200 km nordostwärts von Orel, den Don sollen wir unter allen Umständen noch vor dem richtigen Winter erreichen, vielleicht kommen wir doch noch hin und dann machen wir Winterquartier.

… [Letzte Briefseite fehlt]

den 6.12.41

Liebe Eltern!

Mit dem Angriff ist es nun doch nichts geworden, er ist verschoben worden weil nichts da war. Gestern sind nun zwei Geschütze von der Heeresflak eingetroffen, es sollen aber noch mehr kommen. Mit den Sturmgeschützen ist … [Knick im Originalbrief, nicht lesbar] gleichen Nest, die Bewohner sind sehr freundlich und sie geben uns alles was sie haben, es ist zwar nicht viel aber immerhin besser als gar nichts. In diesem Dorf liegt noch verhältnismäßig wenig Schnee, höchstens 10-15 cm. Schneewehen sind aber schon bis zu 2 m tief. Der richtige Winter scheint jetzt auch anzufangen, gestern hatten wir 32 Grad Kälte, heute sind es bis zu 35 Grad, man traut sich kaum mehr aus den Häusern der Wind geht einem durch und durch.

Gestern machten wir zu fünft eine Fahrt mit einem Auto 40 km zurück um Benzin zu holen. Auf dem Wagen war es saukalt und es hat uns richtig gefroren, trotzdem wir die Decken um die Beine wickelten. Wir kamen aber gottseidank an einem unserer früheren Quartiere vorbei und da haben wir uns etwas aufgewärmt. Die Leute haben uns gleich wieder erkannt und haben gleich Kartoffel mit Speck gekocht. Das hat uns natürlich geschmeckt.

Wir waren den ganzen Tag unterwegs, um 8 Uhr früh fuhren wir weg und um 4 Uhr nachmittags kamen wir wieder zurück. Am Abend mußten wir dann noch Benzin nach vorne zu unserem Geschütz, das 7 km weiter vorne ist mit zwei Fahrzeugen liegt, bringen. Auf der Fahrt dahin ist aber der Motor eingefroren und … [fehlende Briefseite]

Moskau soll bis Weihnachten gefallen sein, vielleicht würde dann der Krieg doch bald aus, sonst laufen wir uns doch noch tot in Rußland, bis zum Ural ist es noch weit und wenn sich die Russen immer weiter zurückziehen, was sollen wir dann machen es muß eine klare Entscheidung fallen. Wir hoffen alle daß es hier doch bald zu Ende ist. Ich bin noch immer gesund und ganz bin ich noch nicht erfroren, die Zehen haben sich schon die meisten erforen. Die Socken die Ihr mir geschickt habt sind sehr gut da friert auch mich lange nicht so. Brauchen könnte ich noch Handschuhe die Fingerhandschuhe die wir bekommen haben sind zuwenig warm.

Von den Kameraden mit denen ich in München war weis ich nichts mehr, ich habe auch keine Adresse. Hat der Schmidbauer nicht geschrieben er hat Eure Adresse ich habe die seine schon verloren. Wir haben uns zuvor wir auseinander kamen die Heimatadressen gegeben. Vielleicht treffen wir doch einmal zusammen. Hier wird es jetzt um 1/2 4 Uhr schon dunkel

---

[23] Mut

und die Leute haben nur sehr schlechte Petroleumlampen da kann man bei Licht nicht schreiben.

Viele Grüße an Alle von Hartl
Auf Wiedersehn!

Ich werde gleich die Weihnachtsgrüße mitschicken und "a guats neus Jahr". Schickt mit mal einen sehr guten Kamm denn die Haare sind sehr borstig und dick. Briefpapier kann ich auch wieder gebrauchen hauptsächlich Kuverts, aber wenn Ihr Kuverts schickt steckt den mit Klebstoff bestrichenen Teil in das Kuvert weil sie sonst immer zupappen.

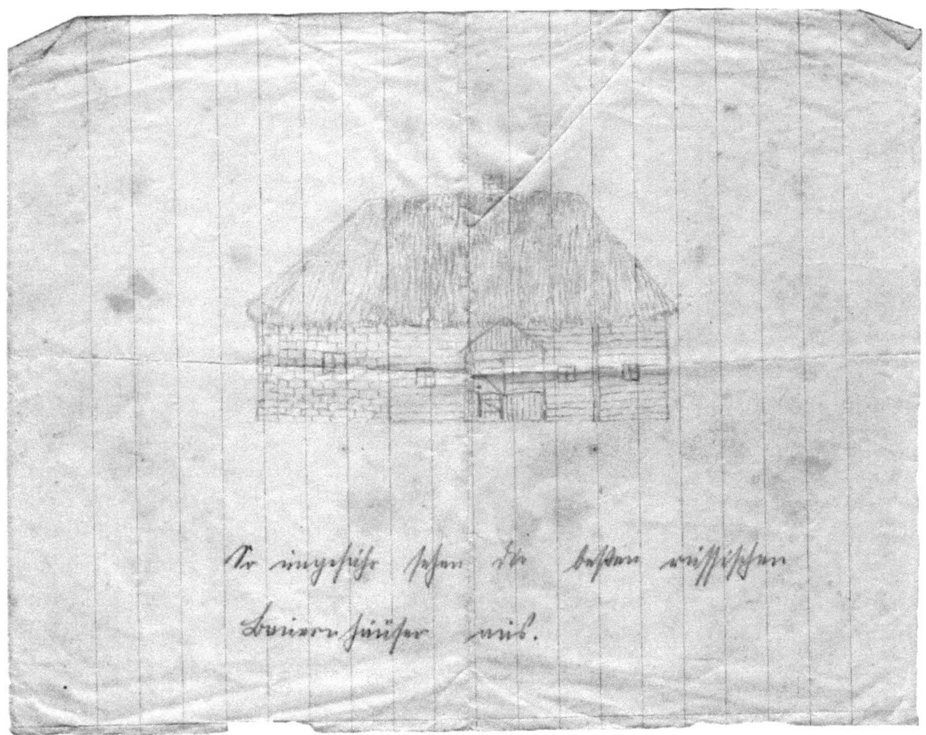

Zeichnung, die Leonhard mit dem Brief verschickte. Übersetzung: "So ungefähr sehen die besten Russischen Bauernhäuser aus."

den 21.12.41

Liebe Eltern!

Seit ich den letzten Brief geschrieben habe hat sich bei uns allerhand ereignet und verändert. Ich bin jetzt bei der leichten Pak, weil sie da so viele Ausfälle hatten bei dem Angriff. Ausgerechnet an dem kältesten Tage habe sie einen Angriff gemacht, die meisten haben sich Gesicht, Hände und Füße erfroren. Wir haben jetzt überhaupt keinen Zugführer mehr, alle sind im Lazarett.

Der Angriff ist natürlich auch gescheitert und wir befinden uns seit dem 11. auf dem Rückmarsch. Die Pak ist wie üblich immer bei den ersten, diesmal bei den letzten um den Rückzug zu sichern, was allerdings nicht immer ganz einfach ist denn die Russen stoßen immer sehr schnell nach. Wir haben schon ein paar mal geglaubt daß wir unser ganzes Glump[24] stehen lassen müssen. Jetzt haben wir es so gemacht daß die Schlitten mit unseren Sachen zurückgefahren sind. Ich hatte das Glück und bin mitgeschickt worden, worüber ich garnicht traurig bin den vorne ist es jetzt gefährlich.

Am selben Tage als wir abfuhren ist von uns einer gefallen, er wurde mitten durchs Herz geschossen. Wir sind jetzt beim kleinen Troß mit unseren Schlitten. Hoffentlich sind wir zu Weihnachten wieder mit den Kameraden zusammen. Ich habe bis jetzt fünf Päckchen erhalten. Davon sind die letzten zwei dabei. Die zwei Päckchen habe ich am 15. erhalten und einen Brief. Die beiden Bücher sind grad recht jetzt zum lesen damit man etwas auf andere Gedanken kommt. Wenn Ihr mal wieder was schickt so schickt mir ein paar Kelter Romane.

Wenn nur endlich der Krieg aufhören würde.

Viele Grüße an Alle von Hartl
Auf Wiedersehn!

Rußland den 31.12.41

Liebe Eltern!

Endlich komme ich mal wieder zum schreiben, weil es als Dienst angesetzt ist. Ich habe jetzt wieder ein Pakl bekommen, im ganzen hab ich von Euch jetzt 6 Pakl. Die Weihnachtsfeiertage haben wir auf dem Rückmarsch verlebt. Wir hatten von der Komp. 5 Mann eine Flasche Wein, Schnaps, Kecks, Schokolade und 25 Zigaretten bekommen. Uns wars schon den ganzen Tag so komisch drum haben wir gleich alles verpackt und es war auch richtig. Um 2 Uhr Nachts kam plötzlich der Abmarschbefehl wir fuhren ungefähr 20 km zurück und waren um 9 Uhr vormittags da. Wir liegen jetzt in ausgebauten Stellungen, es war höchste Zeit daß wir sie erreicht haben den es ist jetzt sehr kalt geworden. Seit dem 11. Dezember sahen wir nichts anderes mehr gesehen wie rauchende und brennende Dörfer. Wie lange wir hier bleiben weiß ich nicht aber wir sollen abgelöst werden das hört man so allgemein. Es wäre auch Zeit zur Ablösung wir sind jetzt fast alle krank oder werdens noch.

Es wäre uns ganz gleich wohin nur heraus aus Rußland.

Viele Grüße von Hartl
Auf Wiedersehn!

---

[24] Besitz, Zeug

Das Kriegsjahr 1942

Russland den 14.1.42

Liebe Eltern!

Ich habe gestern einen Brief vom 11.11. einen vom 14.12. und ein Päckchen bekommen. Es ist das Päkchen vom 4. Dezember Nr. 10. Ich habe noch nicht alle Päkchen es fehlen noch die Nummern von 7-9, hoffentlich bekomme ich sie noch. Von Göschls habe ich auch wieder ein kleines Päkchen erhalten. Bei uns ist es jetzt ziehmlich kalt, es ist gut daß wir alle 2 Tage abgelöst werden. Wir müssen immer 2 Tage vorne sein dann kommen wir wieder 2 Tage in Ruhe, so ist es noch einigermaßen auszuhalten. Bei uns ist es im allgemeinen … [unleserlich]
Sie haben auch Lautsprecher aufgestellt die geben abends immer Nachrichten und Musik durch. Meistens fangen sie an mit "Achtung Achtung deutscher Soldat tretet über zur roten Armee", und so ähnliches. Hoffentlich wird dieses Jahr der Krieg zu Ende. Wenn nur endlich die Zeit dawäre daß wir aus Rußland herauskämen. Hier könnte man wahnsinnig werden.

Viele Grüße von Hartl!
Auf Wiedersehn!

Ich habe jetzt soeben noch Post bekommen, es ist der Brief vom 2.1.42 dabei, das Fleisch das ich bis jetzt bekommen habe war noch alles gut. Es war auch noch ein Brief dabei vom 10. Dezember. Der Brief vom 2. hat eigentlich gar nicht lange gebraucht bis er her kam, wenns immer so schnell ginge wäre es ganz recht. Den Atlas vom Herrn Hauptlehrer habe ich auch erhalten ich hab Ihm schon geschrieben. Hoffentlich kommen die übrigen Päkchen auch alle noch an.

Rußland den 16.1.42

Liebe Eltern!

Wir sind jetzt immer noch auf dem alten Platz in Verteidigung, bei uns haben die Russen zwar noch nicht angegriffen aber neben uns greifen sie oft an. Unsere Stellung haben wir in einer großen Scheune, die haben uns die Russen leider in Brand geschossen.
Es werden jetzt überall Bunker gebaut daß man wohnen kann, wir mußten schon ein paar Nächte im Freien verbringen. Jetzt ist es wenigstens so daß alle 2 Tage 4 Mann von einer Geschützbedienung abgelöst werden, es ist doch besser als gar nichts. Die Infanterie wird alle 4 Tage abgelöst und wir können immer dableiben. Es wäre jetzt höchste Zeit daß wir endlich aus diesem verdammten Russland herauskommen. Wer das nicht selbst gesehen hat wie es hier zugeht, kann sich das gar nicht vorstellen daß es sowas überhaupt gibt und daß man das alles aushalten kann. Hoffentlich dauert es nicht mehr allzulange, wir rechnen so bis Ende Februar oder März bis wir rauskommen.
Ich bin eigentlich noch nie krank gewesen, was ich mir fast gar nicht vorstellen kann daß es sowas gibt, zuhause wäre man überhaupt nie mehr gesund geworden. Wie geht es denn bei Euch so zu, ich bekomme jetzt sehr selten Post und dann höchstens ein paar Briefe oder ein

Päckchen. Wir wissen jetzt überhaupt nicht mehr was auf der Welt alles los ist. Wir haben einmal gehört, daß Japan in den Krieg eingetreten ist das ist alles.

Wir haben alle vom Krieg schon genug und jeder wünscht wir sollten endlich mal abgelöst werden. Vielleicht trifft es doch bald zu, heute haben alle erzählt es hätte ihnen von zuhause geträumt mir ging es genau so ich war auch daheim, was mir sonst noch nie geträumt hat. Wie schnell so die Zeit vergeht ich bin jetzt schon ein Jahr Soldat, hoffentlich ist bis nächstes Jahr um die Zeit der Krieg endlich aus.

Viele Grüße an Alle von Hartl
Auf Wiedersehn!

Rußland den 28.1.42

Liebe Eltern!

Wir hatten das Glück und wurden jetzt abgelöst, wenigstens auf 4-6 Wochen. Jetzt sind wir wieder in der Nähe von Orel an unserem alten Platz. Es mußten statt uns, diejenigen die bis jetzt immer hier hinten saßen nach vorn.

Ausgerechnet am letzten Tag den wir in der Stellung verbrachten hat uns der Russe noch richtig mit Artillerie bepflastert. Sie haben ziehmlich genau geschossen, einige Schüsse lagen nur 2-3 m von unserm Bunker entfernt. Es hat einen ganz schön zusammengerissen wenn wieder so ein Koffer heranrauschte, es waren immerhin ein Kaliber von 16,5 cm. In unserm Kolchos gabs sogar einen Toten von einem SMG. Wir waren also alle herzlich froh als am Abend der Leutnant kam und uns erklärte wir kommen zurück, ausgerechnet wurde es an diesem Tage sehr kalt es hat das Wetter umgeschlagen. Wir mußten unsere Übermäntel und Überstrümpfe vorn lassen und dann noch bei Nacht 10 km zurück laufen bis zum Regiment. Es hat uns natürlich alle ziehmlich gefroren der schrecklichste Tag war der nächste, wir wurden auf unseren großen Tankwagen verladen und dann ging es los, eine Strecke von ungefähr 75 km. Wir hatten uns eingewickelt so gut es ging aber gefroren hat uns trotzdem. Wir dachten schon immer dran wenn wir ankommen, warme Stuben und Ruhe, da ließ sich die Kälte leichter ertragen.

Hier ist es jetzt sehr kalt und heute haben wir das erstemal einen richtigen Schneesturm, da gibts dann wieder Arbeit mit den Wagen frei schaufeln. Wenn nur bis in 4 Wochen unsere Division abgelöst würde, damit wir nicht mehr nach vorne brauchten.

Viele Grüße an Alle von Hartl
Auf Wiedersehn!

den 30.1.42

Lieber Vater!

Da wir jetzt hinten sind will ich ein bisl was zum rauchen schicken. Man kann halt nicht viel mitnehmen wenn man vorn ist wegen dem Platz und es wird auch alles kapput. Das bischen habe ich in den letzten paar Wochen zusammengetan ich wollte schon immer mal was schicken

34

aber es ging so schlecht. In nächster Zeit werde ich die Rauchwaren immer zusammentun es gibt dann schon mal wieder Gelegenheit zum schicken. Laß dir den Tabak gut schmecken.

Viele Grüße von Hartl

Rußland den 5.2.42

Liebe Eltern!

Ich habe heute den Brief vom 8.1. erhalten, es dauert jetzt eigentlich gar nicht mehr so lange wie sonst immer. Es macht viel aus weil wir doch jetzt weiter hinten sind. Es wird fast jeden Tag in Orel Post geholt. Es wären halt jetzt ab und zu Pakl recht denn die Verpflegung ist hier hinten sehr knapp, wir haben uns allerdings schon aus einem 10 km entfernten Dorf ein Schaf geholt. Eine Kuh haben wir uns auch besorgt. Die gibt ziehmlich viel Milch, da kochen wir mit den primitifsten Mitteln Milchsuppen und ähnliches. Unser Spieß hat sich darüber schon aufgeregt, daß wir uns noch extra was besorgt haben aber solange wir die Kuh noch haben, kann er uns nicht stören.

Es sollen jetzt wieder 26 Mann nach vorne weils die andern nichtmehr aushalten, sie sind aber erst 14 Tage vorne. Jetzt ist es aber kaum möglich nach vorne zu kommen denn die Wege sind meterhoch verweht und müssen erst freigemacht werden. Ich war jetzt fast 14 Tage krank, drum komme ich diesmal nicht mit nach vorne. Ich hatte einen furchtbaren Durchfall, es kam hauptsächlich von der Rückfahrt auf dem Auto. Da sind wir alle so durchgefroren, daß die meisten krank geworden sind. Hoffentlich läßt die Kälte bald nach, denn mit unserer Winterkleidung schauts auch sehr schlecht aus. Unsere Übermäntel und Überstrümpfe mußten wir den andern vorne lassen. Wir haben jetzt an Winterausrüstung nichts mehr als Kopfschützer und Handschuhe.

Die Weihnachtspakete habe ich alle erhalten. Hoffentlich können bald wieder Pakl geschickt werden, jetzt könnte man sie brauchen. Ist mein Pakl mit dem Tabak und Zigarren schon angekommen?

Viele Größe an Alle von Hartl
Auf Wiedersehn!

Rußland den 12.II.42

Liebe Eltern!

Ich bin jetzt schon fast 3 Wochen krank. Auf der Fahrt hierher habe ich mich sehr stark erkältet, es ist den meisten so gegangen. Anfangs hatte ich Durchfall und dann habe ich es mit dem Magen zu tun gekriegt. Jetzt ist es wenigstens wieder soweit daß ich mein Essen selber holen kann. Einesteils ist es besser ich war krank denn die anderen sind schon wieder vorne. Hoffentlich kann ich solange hier bleiben bis wir ganz abgelöst werden, man muß halt möglichst lange nicht gesund werden.

Manchmal wirds mir fast langweilig denn ich bin in einem Haus allein ich gehe halt dann in ein Nebenhaus auf eine Zeitlang manche haben was zum Lesen da vergeht dann die Zeit schneller. Hier lebt man halt so dahin wenn man in der Früh aufsteht denkt man schon wieder wenn nur der Tag schon wieder vorbei wäre. Mit der Post ist es jetzt auch sehr schlecht, es gibt fast gar keine was die einzige Abwechslung wäre in diesem eintönigen Leben. Hoffentlich dauerts nicht mehr allzulange.

Viele Grüße an Alle von Hartl
Auf Wiedersehn

den 14.II.42

Liebe Eltern!

Ich muß jetzt mal einige von meinen Büchern heimschicken, sonst muß ich sie immer mit herumschleppen es ist sowieso schon zu wenig Platz für mein ganzes Gelump. In den Auslese Heften stehen manchmal sehr interessante Sachen drin. Wir haben jetzt ein sehr schönes Wetter und es ist auch ganz schön warm. Mir kommt es manchmal so vor als wäre ich daheim, man hört wieder die Eisenbahnzüge pfeifen und seit dem August hab ich den ersten Zug wieder gesehen wenn man da halt mitfahren könnte, aber hoffentlich wird die Zeit auch noch kommen. Jetzt müßte man Urlaub bekommen von Orel aus könnte man sogar vielleicht mit einem Flugzeug nach Berlin fliegen es ginge viel schneller als mit der Eisenbahn, aber das sind trügerische Hoffnungen der Urlaub wird wohl ausbleiben.

Viele Grüße an Alle von Hartl
Auf Wiedersehn!

Rußland den 16.II.42

Liebe Eltern!

Ich habe gestern Euren Brief vom 17.1. erhalten. Es ist doch immer wieder eine große Freude wenn von daheim etwas dabei ist. Seit längerer Zeit hab ich gestern einmal wieder mehrere Briefe auf einmal bekommen. Einer ist aus … [unleserlich]
Humbach und die Nürnberger haben auch wieder geschrieben, euren Roman hab ich auch schon. Was habt Ihr denn den Nürnbergern alles geschrieben, die haben mir einen ganz komischen Brief geschrieben da wird man am Anfang gar nicht schlau daraus was die damit meinen. Ich muß den Brief erst noch öfters durchstudieren schon wegen der Schrift dann werde ich Euch das Ergebniß schon schreiben. Sie haben geschrieben ich soll Euch davon nichts berichten, aber mich würde interessieren was der Vater Ihnen geschrieben hat. Schreibt aber davon nichts daß ich trotz Ihrem Verbot Euch davon doch geschrieben habe.
Ich habe jetzt endlich die Adresse wieder gefunden die mir Schmidbauer noch als wir in München beisammen waren gegeben hat. Dahin habe ich also jetzt geschrieben um seine jetzige Adresse wenn ich sie erhalte werde ich ihm schreiben warum er gar nichts hören läßt, oder vielleicht hat er meine Adresse die ich ihm gegeben habe nicht mehr.
Mir geht es jetzt wieder so ziehmlich normal, nur habe ich immer sehr viel Hunger und die Verpflegung reicht halt nicht sehr weit, hauptsächlich Brot fehlt. Ich habe von meinem ersten Quartier umziehen müssen in ein anderes da sind wir jetzt 4 Mann, im ersten war ich 14 Tage allein. Hier ist es auch besser mit Brot, weil da noch kränkere sind als ich jetzt bin. Wir haben

im allgemeinen schönes Wetter, nur wenn der Wind geht ist es eiskalt der pfeift einem durch und durch. Jetzt können wir uns noch dagegen helfen wir gehen einfach nicht aus der Bude höchstens zum Kaffee und Mittagessen holen aber das dauert nicht lange. Soviel ich gehört habe können wir noch ungefähr 3-4 Wochen rechnen daß wir hinten bleiben was dann kommt muß sich erst zeigen, hoffentlich brauchen wir nicht mehr nach vorne.

Wenns nur wenigstens Urlaub gäbe dann hätte man Aussicht auch mal dranzukommen, aber so hat man gar keine Hoffnung erst kommen dann die dran die schon über ein Jahr nicht mehr daheim waren. Da können wir noch lange warten, außer wir kommen nach Deutschland oder sonstwo hin da wäre es noch möglich auf Urlaub zu hoffen. Man kann halt nichts machen als warten und wennst fast am Verzweifeln bist dann bete ich mal einen Rosenkranz dann gehts wieder leichter zu ertragen.

Viele Grüße an Alle von Hartl
Auf Wiedersehn, hoffentlich bald.

den 19.II.42

Liebe Eltern

Ich habe den Brief vom 21. und den Roman vom 22.I. erhalten. Es müssen ja nicht unbedingt Kelterromane sein wenns die nicht mehr gibt. Ihr könnte mir mal hin und wieder eine von den neuesten Illustrierten schicken, welche ist ganz gleich wir erfahren ja fast gar nichts was auf der Welt vorsichgeht. Zeitungen können ja geschickt werden.

Heute nacht waren wieder die Flieger in Orel, das Feuerwerk das die Flak gemacht hat war fast so ähnlich wie wir es noch damals in München gesehen haben. Einen Flieger haben sie ja herunter geholt. Ein paar Bomben fielen auch wieder in die Nähe unseres Dorfes, sie richteten aber keinen Schaden an. Soeben habe ich den Brief vom 29.1. und eine Zeitung erhalten. Warum schreibt den der Sepp und der Karl nicht mal einen Brief die haben doch auch schreiben gelernt.

Viele Grüße an Alle von Hartl
Auf Wiedersehn!

Rußland den 23.II.42

Liebe Eltern!

Mit den 4 Wochen hinten bleiben ist es jetzt zwar nichts geworden, es ist aber nicht so schlimm denn ich bin mit den Anderen jetzt beim Regimentsstab. Von der Front bis hierher sinds noch ungefähr 10 km, schießen hört man schon wieder aber das sind wir schon gewöhnt. Von Orel bis hier sinds 70-80 km die sind wir zu viert mit Schlitten gefahren weil auf den Fahrzeugen zu wenig Platz war und weil hier auch Pferde und Schlitten gebraucht werden. Die Schlittenpartie war auf jeden Fall schöner als hinten auf einem Lastwagen. Wir haben zu dieser Strecke zwei Tage gebraucht.

Es ist gut daß die Russenpferde sehr gut laufen und trotzdem sehr wenig zu Fressen brauchen. Mit den deutschen Pferden könnte man das nicht machen, 20-25 km im Trab zu fahren, das einzige ist nur das die Gäule nicht beschlagen sind. Wir sind jetzt wieder neu eingeteilt worden, ich bin wieder beim M Zug der bleibt voraussichtlich beim Regiment zur Sicherung. Es ist hier schon zum aushalten wegen der Kälte, nur die Verpflegung ist sehr wenig, jetzt wären halt die 2 Pfund Pakl recht. Es ist jetzt fast soweit daß die gefangenen Russen die bei den Kompanien sind als Fahrer und so weiter, mehr zu Essen kriegen wie wir.

Ich habe jetzt erst erfahren daß von uns fünfen die aus München gekommen sind beim Rückzug einer gefallen ist durch Granatsplitter. Der Zweite ist in einem Lazarett, was ihm fehlt weis ich noch nicht. An mehreren Tagen gehts vorne hart her, das sieht man dann immer an den Schlitten die die Verwundeten zum Hauptverbandsplatz bringen. Es ist gut daß es nicht mehr so kalt ist, sonst würden viele noch erfrieren auf dem Weg bis hierher. Von hier aus gehts ja dann mit Autos weiter. Mir geht es soweit ganz gut und ich warte wie soviele auf das Kriegsende.

Viele Grüße von Hartl
Auf Wiedersehn!

Rußland den 28.II.42

Liebe Eltern!

Ich werde nun von hier aus nochmal schreiben weil ich nicht genau weiß ob ich sobald wieder dazu komme. Morgen sollen wieder einige von uns an die Front und die anderen ablösen. Mir ist es jetzt ziehmlich gleich wo ich bin denn vorn ist es jetzt auch ruhig und hier treiben sich immer wieder russische Flieger herum. Zurzeit haben wir ja von den Fliegern Ruhe, es herrscht seit ein paar Tagen ein zünftiger[25] Schneesturm wir mußten uns erst einen Weg schaufeln um überhaupt Verpflegung und Essen holen zu können.

Heute ist es verhältnißmäßig ruhig und es ist ganz warm. Die Nachschubstraßen werden ja zwar alle verweht sein, es waren damals als wir hierher fuhren schon Schneewände von 2-3 m und noch höher neben der Straße. Es muß halt wieder die Bevölkerung die Wege freischaufeln die tun ja sonst sowieso den ganzen Tag nichts.

Unser Chef ist jetzt auch endlich nach 14 Jähriger Dienstzeit Hauptmann geworden, weiter wird ers ja kaum noch bringen. Zurzeit bildet er Artilleristen aus zu Infanterie. Gestern kam er zurück zu uns und da erzählte er so allerhand. Die Russen haben Angriffe unternommen in Wellen von Regimentsstärke ausgerüstet die meisten mit Prügeln. Trotzdem haben sie die Front drei km tief eingedrückt auf neun km Länge, sie sind aber schon wieder verjagt. Die Toten sollen wie gesäht herumliegen was auch leicht möglich ist wenn sie in die Maschinengewehrgarben gerieten.

Jetzt weil es wärmer ist sind auch die Wintersachen angekommen, die Zehenspitzen und Fingerspitzen habe ich mir erfroren. Wir haben alle neue Stiefel bekommen aber alle ziehmlich kleine Nummern, ich habe grad noch solche erwischt daß ich die Schafwollenen Socken von Euch mit noch einem Paar drinnen anziehen kann. Ihr habt mir geschrieben daß vom Wirt ein Päckchen unterwegs sei, bis jetzt ist es noch nicht angekommen aber vielleicht kommts noch, ab und zu kommen jetzt noch Weihnachtspäcken an. Ich könnte jetzt mal wieder Süßstoff gebrauchen.

---

[25] in diesem Zusammenhang: stark

Wir haben jetzt allerhand neue "Rezepte" erfunden, so zu Beispiel Backen ohne Fett nur mit Kartoffeln, "Brotsuppe" mit Wasser und Salz, Kartoffeln und ein paar Bröseln Brot. Es ist nur schade daß es hier fast nichts mehr gibt. Bei Orel habe ich immer "prima" Hammelbraten mit Bratkartoffeln gekocht. Vielleicht kommen wieder bessere Zeiten.

Einstweilen herzliche Grüße an Alle von Hartl
Auf Wiedersehn!

Rußland den 3.III.42

Liebe Eltern!

Gestern haben wir mal wieder Post bekommen seit ungefähr 10 Tagen. Seit 1.III. bin ich mit noch 16 anderen Kameraden an der Front, hier ist es sehr ruhig man merkt fast gar nicht mehr daß Krieg ist. Die einzige Arbeit ist nur noch Posten stehen aber nur bei Nacht, am Tage liegen wir meist auf dem Ofen und wärmen uns den Arsch. Hier geht das Wachestehen noch eher man hat einen Übermantel große Filzstiefel wo man mit den Ledernen hinein kann, außerdem noch extra einen Schafpelzmantel.

Wir habens soweit ganz schön nur die Verpflegung ist zu wenig. Die 50 gr. Päckchen sind recht wenn sie in großen Mengen eintrudeln, einer hat hier ungefähr 40 Päckchen auf einmal erhalten die meisten mit Geselchten, das gibt dann auch einen schönen Haufen Zusatz. Zu welcher Waffengattung ist den der Karl gemustert worden, hoffentlich nicht zur Infanterie. Der Magerl hat noch überhaupt nichts von sich hören lassen, der hat wahrscheindlich genug zu Fressen und spürt vom Krieg nichts.

Wies mit Urlaub aussieht weiß ich nicht genau, es wurde erzählt ab 15. März solls welchen geben aber da kommen wir jüngeren noch lange nicht dran. Einmal wirds schon was werden mit Urlaub. Ich muß jetzt aufhören denn es wird dunkel und bei Licht kann man mit Schreiben nichts machen.

Viele Grüße von Hartl
Auf Wiedersehn!

Rußland den 5.III.42

Liebe Eltern!

Heute habe ich mal eher mit schreiben angefangen damit ich nicht wieder in die Dunkelheit damit hinein komme. Wenn wir wenigstens richtige Petroleumlampen hätten, aber wir haben nur ein paar alte Funzeln ohne Zilinder. Bei uns geht es eher, wir haben wenigstens ein Haus, Haus ist eigentlich zuviel gesagt, ein halb eingefallener Schuppen. Als wir herkamen wars noch viel ungemütlicher als jetzt, unsere Vorgänger haben ja gar nichts gemacht, die Fenster sind nach der Feindseite und sind mit Steinen und Brettern verblendet. Die Russen haben vorher durch das Fenster durchgeschossen und dabei einen Verwundet.

Wir haben uns jetzt in die Türe ein Fenster gemacht, es ist doch etwas besser als wenn man nur bei Petroleumlicht herumhockt. Ich bin hier jetzt gleich lieber als hinten beim Rgt.[26] es gibt etwas mehr Essen und mit Tabak und Zigaretten ist es dasselbe, hinten gabs manchmal 1 Zigarette und einen Stumpen, ab und zu noch ein Drittel Paket Tabak für 2 Tage, mir macht das zwar nichts aus.

Vom Krieg ist zurzeit nichts zu merken, der Russe schießt überhaupt nicht, es sollen uns gegenüber nur noch 30 Mann liegen nach Aussagen von Überläufern. Ab und zu sieht man einen Posten herumschleichen, das ist das einzige Anzeichen daß überhaupt noch welche da sind. So schön wie jetzt haben wirs noch nie gehabt, bei Nacht steht man 2x eine Stunde Wache, am Tage weiß man nicht was man vor Langeweile anfangen soll.

Kein Mensch kümmert sich um uns, so liegen wir meistens auf dem Ofen und schlafen, man ist ja immer so müde trotzdem wir nichts zu tun haben, oder wird man vom Essen so müde, was ich kaum glaube denn soviel ist es wieder nicht. Das Einzige was hier nicht gibt ist Wasser aber es gibt Schnee. Es ist zwar Wasser in der Nähe aber der Fluß ist vor unserer Linie, da haben wir zwar auch schon Wasser geholt, meistens sind wir zu faul um erst dahin zulaufen. Das Beste ist wir haben in einem Keller noch Kartoffel gefunden, die sind grad recht als Zusatzkost. Also mir gehts jetzt ganz gut und ich bin wieder gesund. Vielleicht können wir doch bald auf Urlaub hofen.

Unsere Ablösung soll schon um Orel herum liegen, hoffentlich ists auch war. Im Allgemeinen heißt es wenns wieder los geht in Rußland solls höchstens noch 3-4 Monate dauern. Hoffentlich stimmt die Rechnung auch, wir haben zwar wieder allerhand neue Waffen aber wer weiß, ich traue mir das noch nicht zu behaupten, wir werdens ja noch sehen wies geht.

Einstweilen viele Grüße an Alle von Hartl
Auf Wiedersehn!

Ich hätte beinahe vergessen zu schreiben, daß ich seit dem 1.III.42 Gefreiter geworden bin. Jetzt läuft also noch einer mehr herum mit einem Winkel.

Rußland den 12.III.42

Liebe Eltern!

Durch die viele freie Zeit die wir haben kommt man auf allerhand Gedanken. Hauptsächlich dreht es sich immer ums Kochen, was könnte ich heute kochen mit dem wenigen Zeug das man hat. Einige von uns haben Puddingpulver geschickt gekriegt und da haben wir alles mögliche probiert aber mit Wasser wird und wird es nichts es schmeck einfach nicht. Ich bin jetzt plötzlich auf den Gedanken gekommen daß es auch Trockenmilch gibt und das könnte man vielleicht probieren wenn Ihr eine kriegen könnt. Seit so gut und schaut mal obs eine kriegts und wenn wieder größere Pakl geschickt werden können schickt mal etwas mit, und dazu ein paar Pudding und Süßstoff daß wir gleich eine Probe machen können.

Am Sonntag hat uns der Russe ganz unsanft aus dem Schlaf gerissen. Um 1/2 6 Uhr früh hieß es plötzlich Alarm, es kamen ungefähr 2 Komp. an. Sie wurden aber mit Leichtigkeit zurückgeschlagen und dabei ein Gefangener gemacht. Er hatte ausgesagt daß sie durchbrechen sollten und den Troß überfallen. Einige Zeit später hat er uns mit s. I.G. beschossen mit dem

---

[26] Abkürzung für Regiment

Erfolg daß bei uns 5 Tote und 14 Verwundete auf dem ganzen Abschnitt waren. Mit dem Osterbeichten schauts auch schlecht aus wenn man hinten wäre gings noch, vielleicht kommt ein Pfarrer vor.

Viele Grüße an Alle von Hartl
Auf Wiedersehn!

Rußland den 19.III.42

Liebe Eltern!

Ich habe jetzt wieder mal nach längerer Zeit Post erhalten, es war der Brief vom Vater und der vom 19.II. mit dabei. Ich kann mir schon denken das in der Heimat der Tabak sehr knapp ist. Bei uns gibt es Rauchwaren genug, am Tage 6 Zigaretten und 1 Zigarre manchmal auch Tabak meistens 1/2 Pakl. Bei meiner Geschützbedienung sind 3 Nichtraucher bei drum kann ich den Tabak und die Zigarren schon aufheben. Die Zigaretten gebe ich ja sowieso den Kameraden und damit können sie auskommen. Pfeifenrauchen sind blos 2 die kriegen schon von den andern immer den Tabak.

Wir hatten jetzt mal ein richtiges russisches Winterwetter, Tage lang Schneesturm wie ich noch keinen erlebt habe. Die 3 Tage haben wir richtig Kohldampf geschoben denn es wurde die ganze "Rollbahn" verweht und bei uns in den Stellungen liegt der Schnee stellenweise Haushoch. In diesem Schneegestöber wollten die Russen angreifen, aber die kamen gar nicht bis zu uns herüber, sie hatten den Wind von vorne und haben sich dabei verlaufen.

Ein Mann der als Erkunder vorgeschickt wurde geriet in unsere Hand, er war ganz verdattert als er sich plötzlich unserem Posten gegenüber sah. Schließlich wars auch noch ein Flieger der in einer Strafkompanie war. Das stimmt also schon daß die Russen zum großen Teil keine Gewehre mehr haben und mit Prügeln ankommen, ihre sonstige Ausrüstung ist auch sehr schlecht, die Überläufer erzählen es und man sieht es an ihnen selbst.

Es wurden jetzt mal wieder sämtliche die von der Landwirtschaft sind und diejenigen die ein Abitur haben aufgeschrieben, was nun wieder wird wissen wir noch nicht. Man vermutet daß es dann in die Ukraine geht als Ernteeinsatz es wäre nicht das schlechteste, lieber wärs uns wenn wir auf einige Zeit nach Hause kämen. Von Göschls kriege ich jetzt immer die "Frankfurter Zeitung" geschickt nach der Nummer da hat man doch wenigstens ein bischen Zerstreuung.

Viele Grüße von Hartl.
Auf Wiedersehn! Und ein frohes Ostern!

Rußland den 22.III.42

Lieber Vater!

Ich will Dir nun wieder ein bisl was zum Rauchen schicken. Es gibt jetzt soviel das jeder damit auskommen kann. Einige sind ja dabei bei denen es nicht reicht aber mit denen bin ich schon lange in Tauschgeschäfte getreten. Ich habe zwei gute Kunden zum beliefern mit Zigaretten, hie und da kommen sie um ein paar Zigarren. Pfeifenrauchen tun sie nicht, dafür tauschen sie Bonbons und Schokolade was wir jetzt ziehmlich viel bekommen. Der Preis ist immer 6 Zigaretten eine halbe Tafel Schokolade oder eine Rolle Drops. Den Tabak schicken sehr viele nach Hause, warum soll ich also nicht schicken wo es doch daheim so wenig gibt und schließlich wird ja von daheim auch immer was geschickt.

Wir hatten mit unserem Essen eine Zeitlang ein rechtes Gefrett [27] es mußte 3 km in Kochgeschirren geholt werden. Gottseidank ist das wieder geändert worden, es war manchen tatsächlich nicht wert es zu holen, meistens Wasser mit ein paar Kartoffeln und wennst Glück hattest konnst ein paar Stückchen Fleisch bekommen. Zurzeit haben wir wunderbares Wetter und es ist schon ganz schön warm. Bis der Schnee weg ist wird wohl noch eine Weile dauern.

Ich werde Dir mal schreiben daß ich beim Regt. 512 bin. Es ist die 293. Division. Diese ist schon seit Anfang des Rußlandfeldzugs mit dabei, drum hoffen wir alle daß sie Abgelöst wird.

Die besten Grüße von Hartl

Von den Schützenkomp. sind schon welche in Urlaub gefahren. Hoffentlich kommen wir auch bald dran. Die 13. u. 14. Komp. sind halt immer angeschissen.

Rußland den 24.III.42

Liebe Eltern!

Den Brief vom 3. März habe ich erhalten, von den Päckchen habe ich bis heute noch keines, hoffentlich kommen sie bald. Es soll ja heute oder morgen bei uns schon wieder Post geben, vielleicht ist da schon etwas dabei. An und für sich ist unsere Verpflegung nicht schlecht, es ist nur immer zu wenig. Wir bekommen für 2 Tage auf einmal, es gibt da ein Brot, pro Tag 50 gr. Butter das sind also 100 gr die wir erhalten. Außerdem 125 gr Wurst oder Käse, manchmal gibts noch eine Dose Ölsardinen. Das beste ist doch immer die Schokolade, von der es fast jeden 2. Tag 50 gr gibt.

Bis jetzt sind wir um unsere Verpflegung immer beschissen worden. Wir haben nie Zucker oder sowas gekriegt, es war mal der Oberleutnant da, wir haben ihm so erzählt was die anderen so bekommen da hat er mal Dampf gemacht jetzt gehts bei uns auch. Gestern gabs noch einen Löffel voll Kakao und eben soviel Zucker, es ist zwar nicht viel aber immerhin besser als garnichts. Außerdem haben wir in ungefähr einer Woche schon 3 Zitronen erhalten. Am Tag der Wehrmacht gabs sogar zwei Tafeln Schokolade zu je 50 gr. aus Belgien, dafür haben wir ja auch gespendet. Unser Zug pro Mann 10 RM oder Zugführer in ganz großzügiger Weise 50 M, die Unteroffiziere 15 M. Wir haben 296 M zusammen gebracht.

Da es jetzt sehr ruhig ist werden so allerhand Kurse abgehalten, so zum Beispiel Panzervernichtungstrupp, der besteht aus 3 Mann, dann Kurse über Gewehrgranaten, das ist wieder was ganz neues, für die Pak gibt es auch schon Aufsteckgeschoße die wiegen ungefähr 30 Pfund Wir hatten jetzt ein paar Tage Tauwetter, der Schnee wurde sehr schnell weniger, heute schneit es allerdings schon wieder. In dem Dorf wo wir sind gibt es keinen einzigen Brunnen, das Wasser müssen wir aus dem Fluß holen oder Schnee tauen, aber das Holz ist auch nicht mehr viel. Wenn die Kartoffel zu Ende sind, brauchen wir sowieso fast kein Holz mehr es ist jetzt nicht mehr kalt.

---

[27] rechtes "Herumgetue", rechten Ärger

Seit einiger Zeit gibt es weit und breit kein Salz mehr, sogar die Küche hatte schon öfters keins mehr. Ist das Pakl mit Rauchwaren schon angekommen, wenn noch nicht so wirds wohl nicht mehr lange dauern, ebenso die 200 M, da hab ich doch wenigstens den Einlieferungsschein. Die Urlauber fahren schon fleißig nach Hause, von uns ist vorläufig noch keiner dabei, den es sind 8 oder 10 Fahrer nach Deutschland und da müssen wir erst warten bis die wieder zurück sind.

Hoffentlich kommen wir dann auch bald dran.

Viele Grüße von Hartl
Auf Wiedersehn!

Rußland den 30.III.42

Liebe Eltern!

Ich habe den Brief vom 11.III. erhalten und auch die Bonbon die Ihr im Brief geschickt habt. Wir hatten jetzt mal ein paar Tage Tauwetter aber leider hats gestern schon wieder geschneit, es geht meistens immer Wind und da gibts gleich Schneesturm. Es wurde jetzt bekannt, wir können uns Samen schicken lassen unsere Division bleibt den Sommer über hier, aber wir glauben doch nicht recht dran. Da könnte man jetzt anpflanzen und dann kommen wir doch weg. Von den Schützenkomp. fahren sie schon fest auf Urlaub, wir werden dann schon auch mal dran kommen, haben schon so lange gewartet da können wirs jetzt auch noch erwarten.

Bei uns heißts, es können wieder 2 Pfund Päckchen geschickt werden genaues ist jedoch nicht bekannt. Sollte es war sein, so schickt mir viel Kuchen weil das Brot immer so wenig ist. Was wir noch sehr notwendig bräuchten ist Salz, es gibt weit und breit keins. Der Vater hat geschrieben ich soll wegen dem Divisionsveterinär nachfragen, das wird nicht leicht sein, denn wir kommen mit Bespannten sehr selten zusammen.

Der Magerl hat seitdem er die Uhr geschickt hat nichts mehr hören lassen, ich habe ein paar mal geschrieben. Ich könnte jetzt mal wieder ein gutes Taschenmesser brauchen, das alte ist schon fast kaput. Mir gehts soweit ganz gut und ich hoffe auf baldigen Urlaub.

Viele Grüße an Alle von Hartl
Auf Wiedersehn!

Rußland den 5.4.42

Liebe Eltern!

Gestern abends kam endlich die schon lange erwartete Post. Es war ein Lebkuchen dabei und zwar Nr. 3, fünf Päckchen mit Fleisch und eins mit gedörrte Apfel, das ist alles grad recht zu Ostern angekommen. Es kommt immer wieder auf wie die Pak beschissen wird mit Verpflegung. Bei uns nebenan ist der Komp. Gefechtstand der 5. und da ist jetzt unser früherer Chef, er führt die 5. Komp. jetzt. Wir haben ihm unsere Verpflegung gezeigt und da hat er Dampf gemacht, jetzt geht es einigermaßen.

Heute soll es ja allerhand geben zu Ostern, es ist nur nicht bekannt was es ist. Heute nacht haben Unsere einen russischen Bunker ausgehoben und dabei sieben Gefangene gemacht, es war auch grad das richtige Wetter dazu es hat etwas geschneit und man hat nicht sehr weit gesehen. Die das gemacht haben können wahrscheinlich in Urlaub fahren. Bei uns ist jetzt auch schon einer weg, es ist nur schade daß von der 13. und 14. Komp. alle 14 Tage einer fahren kann. Einmal fährt einer der 13. und nach 8 Tagen einer der 14., warten wir halt bis es soweit ist und dran sind.

Viele Grüße von Hartl!
Auf Wiedersehn!

den 10.IV.42

Liebe Eltern!

Wir haben gestern abends mal wieder Post bekommen, die Infanterie hat in der Zwischenzeit schon 5 mal erhalten. Bei uns kommt aber halt alles auf einmal, ich habe diesmal fast fünfzig Päckchen dabei gehabt, es ist gut daß wir in Stellung sind denn auf einem Marsch wüßte man gar nicht wohin damit, es war fast ein halber Postsack voll. Eigentlich ist es ganz gut daß die Post nach Ostern gekommen ist, denn zu Ostern ist es uns nicht schlecht gegangen. Am Sonntag bekamen wir schon früh Pudding und Markedenderware[28], es war ziehmlich Schokolade dabei, abends gabs süße Nudeln. Am Montag gabs sogar außer der Verpflegung echten Bohnenkaffee, er war schon gemahlen sonst hätte ich in Euch geschickt.

Die Russen haben uns an den Feiertagen fast gar nicht gestört, nur von Samstag auf Sonntag von 11-12 Uhr haben wir ihnen 30 Schuß auf den Pelz gebrannt, wir hatten schon gedacht es würde schlimmer werden. Jetzt haben wir mal wieder Tauwetter seit Ostern, heute regnet es sogar. Die Bewohner der Bunker und ausgebauten Kartoffelkeller werden bald schwimmen können, wir haben Gottseidank noch ein halb eingefallenes Haus zum Wohnen. Auf unsere Gesundheit wird jetzt auch sehr geschaut, es kommt fast alle 8 Tage der Unterarzt zum untersuchen, ich hab ihm schon gesagt was mir fehlt, er meint wenns wieder schlechter wird soll ich es ihm sagen.

Wir von der Landwirtschaft, das heißt die welche daheim einen Hof haben oder der Vater einen hat, haben jetzt Hoffnung auf baldigen Urlaub. Es wurde gefragt wie groß der Hof ist und was da halt noch so alles drum und dran hängt. Hoffentlich wirds auch was, man darf sich allerdings nicht zu früh über etwas freuen wir glauben etwas erst wenn wir schon die Beweise in der Hand haben. Mir geht es jetzt gut und ich kann jetzt schon wieder einige Zeit aushalten. Der Artzt hat sowieso gesagt daß die Leute alle so Dick und Fett werden, es kann schon möglich sein die Verpflegung ist jetzt ganz gut und zu tun haben wir fast nichts.

Viele Grüße von Hartl
Auf Wiedersehn!

Der Berger Franzl hat mir geschrieben, daß es bei ihnen schon wieder vorwärts geht.

---

[28] Waren zur Verpflegung, die Soldaten zusätzlich kaufen können

44

den 14.IV.42

Liebe Eltern!

Heute kann ich mal in aller Ruhe einen Brief schreiben, ich habe den ganzen Tag dazu Zeit. Es ist in der Riegelstellung der Bunker eingefallen den unser Zugführer einmal bewohnt hat. Es ist ein Glück daß zurzeit niemand drinnen war, der wäre unbedingt kaputt gewesen. Mit dem Tauwetter wird jetzt allerhand los, der Boden weicht auf und überall entstehen schon ganze Seen, es wird noch einige Zeit dauern bis das Wasser verschwindet. Es kam so daß ich heute meine Ruhe habe, gestern mußten von unserm Geschütz 4 Mann zum Bunker und sollten die Munition die noch drinnen ist herausgraben, es sollen 30 Kästen mit je 12 Schuß sein, der Schuß kostet ungefähr 35 M, es ist ein ganz schöner Haufen Geld der im Wasser und Dreck liegt.

Ausgerechnet war auch noch ein rechtes Sauwetter es hat geschneit und geregnet und dazu noch ein sehr starker Wind. Also wir sind in der Frühe los und auf dem Wege ist schon einer bis zum Bauch ins Wasser gefallen, der hat natürlich gleich wieder kehrtgemacht. Als wir hinkamen mit den Stiefeln voll Wasser war niemand da, es sollten auch von den andern Bedienungen welche kommen. Wir haben angefangen und haben 7 Kästen herausgebracht in 6 Stunden dann haben wirs nicht mehr ausgehalten.

Heute haben wir also nichtmehr hinbrauchen, von den andern mußten alle Mann zum freischaufeln. Ich und noch einer von uns mußten zu einem anderen Geschütz damit wenigstens jemand da ist. Wir hatten alle gesagt als der Bunker gebaut wurde der fällt ein wenn der Boden aufweicht, aber der Oberfeldw. wußte es natürlich besser und jetzt haben wir die Bescherung schon. Die Suscha, der Fluß vor unserer Stellung ist in 2 Tagen um ungefähr um 2 m gestiegen. Wir brauchen jetzt nicht zu befürchten daß der Russe rüberkommt.

Mit dem herumfahren der Verpflegung ist es sehr schlecht geworden, es geht mit dem Schlitten kaum mehr zu fahren und mit Wagen auch nicht. Außerdem läuft jetzt über den Nachschubweg auch eine ziemliche Wassermenge, es ist nichtmehr zum durchfahren. Die Pioniere haben einen Steg gebaut und jetzt muß die Verpflegung da rübergetragen werden, wenns nicht noch schlimmer kommt gehts noch. Sollte wirklich mal ein paar Tage die Strecke ganz unterbrochen sein, so haben wir schon vorgesorgt, es ist auf 5 Tage Verpflegung schon vor längerer Zeit vorgebracht worden und wird für den Notfall aufgehoben.

Wir haben es hier schöner als zu Hause, ab und zu ein bißchen arbeiten ist blos Unterhaltung, aber trotzdem wäre jeder lieber daheim.

Viele Grüße von Hartl
Auf Wiedersehn!

den 20.IV.42

Liebe Eltern!

Heute haben wir sehr schönes Wetter und wir sitzen alle in der Sonne beim schreiben. Der Schnee ist schon fast ganz weg, dafür aber ist sehr viel Wasser, der Fluß ist weit über das Ufer getreten und hat eine ziemliche Fläche überschwemmt. Es ist gut daß wir ziemlich hoch liegen, so läuft wenigstens das meiste Wasser bei uns ab.

Vor ein paar Tagen hatten wir auf dem Fluß Eisgang, es ist das ganze Eis auf einmal in Bewegung gekommen, es war ganz schön zum ansehen. Wenn es noch eine Weile schönes Wetter ist wird wohl der Boden schnell trocken werden, jetzt ist hübsch viel Dreck. Jetzt ist es so, daß man mit dem Schlitten nichtmehr fahren kann und mit Wagen gehts auch noch nicht gut. Bis jetzt haben wir noch jeden Tag trotz Schneestürme und Überschwemmungen unsere Verpflegung erhalten. Zurzeit haben wir eine prima Verpflegung und auch ausreichend. Heute bin ich glatt zu faul mehr zu schreiben.

Viele Grüße von Hartl
Auf Wiedersehn!

Eine Badehose könnt Ihr mir vielleicht mal schicken, es ist bald soweit daß man baden kann.

den 22.IV.42

Liebe Eltern!

Ich werde jetzt meine Sachen die ich zu viel habe nach und nach heim schicken. Es geht jetzt mal wieder eine Parole herum, sie kam vom Major persönlich, wir sollen im Mai abgelöst werden und nach Frankreich kommen, wir glaubens zwar noch nicht ganz aber es kann doch mal möglich sein.

Ich habe jetzt 6 paar Socken zuviel und noch sonst allerhand, Handschuhe usw. das haben wir alles auf dem Rückzug gefunden wir haben uns das beste mitgenommen, wenn man mehr Platz hätte könnte man sich viel mehr organisieren. Es wurde schon vor einiger Zeit mal gesagt, wir sollen alles was überzählig ist und die privat Sachen wegschicken damit das Gepäck so leicht wie möglich wird.

Das Glas ist auch eine Beute vom Rückzug, es ging alles immer zu schnell, es war keine Zeit daß man in den stehengebliebenen Fahrzeugen suchen konnte. Damals ist den Russen allerhand in die Hände gefallen, wir als die letzten mit der Infanterie konnten auch nicht alles mitschleppen. Hoffentlich kommt das Glas gut an.

Viele Grüße von Hartl
Auf Wiedersehn!

den 29.IV.42

Liebe Eltern!

Bei uns ist nun mal wieder Post eingetroffen es waren wieder eine ganze Menge Päckchen dabei. Ich habe gleich probiert wie die Suppe wird, die Ihr mir geschickt habt, sie wurde tadellos. Wir haben jetzt immer ziehmlich Appetit den wir müssen fest Stellungen und Bunker ausheben. Dabei ist leider meine Uhr kaputt gegangen und ich werde sie heim schicken, sie hat so sehr lange ausgehalten die meisten Armbanduhren haben hier nicht so lange. Es ist gut daß meist schönes Wetter ist sonst könnte man vor lauter Dreck kaum aus der Bude.

46

Gestern haben sie vor unseren Stellungen in den Ruinen nach Kartoffel gesucht und dabei in einem Keller eine tote Frau und ein Kind das aber noch lebte gefunden. Es war ganz abgemagert, hatte blos noch Haut und Knochen, es mußte wohl schon seit Dezember in dem Keller sein. Es ist kaum zu glauben aber es kann nicht anders sein wie käme denn sonst das Kind da hin, wer weiß was da noch alles zu finden wäre, nur kann man sich wegen der Mienen schlecht bewegen. Sonst ist bei uns nicht viel los, nördlich von uns haben jetzt einmal die Russen angegriffen aber nichts erreicht.

Viele Grüße von Hartl
Auf Wiedersehn!

den 2.V.42

Liebe Eltern!

Heute habe ich den Brief vom 20.IV. erhalten. Das Glas ist gut angekommen schreibt Ihr, es wäre schade gewesen wenns kaput gegangen wäre. Mit der Ablösung ist es auch wieder nichts, auch kaum mit Ernteurlaub. Die neueste Parole heißt jetzt wieder bis August bleiben wir noch hier. Es ist ja jetzt zum Aushalten und die Urlaubsperre ist wieder aufgehoben, einmal muß ich auch dran sein. Es ist eigentlich besser wir bleiben noch ein paar Monate hier, wenn wir jetzt herauskommen ist es wahrscheinlich daß wir zum Winter wieder in Rußland sind. Es reicht uns schon ein Winter, es haben sich alle etwas erholt, ich spüre auch ganz schön in den Knochen, bei Nacht kann ich kaum schlafen. Sonst geht es mir noch ganz gut.
Mein Füllfederhalter ist auch zerbrochen, vielleicht könnts mir mal einen mitschicken. Ein paar Luftfeldpostmarken werde ich in den Brief lagen dann könnt Ihr mich mal schreiben. Der Brief darf aber nicht schwerer als 10 gr. sein. Gestern habe ich ein Päckchen mit Tabak weggeschickt hoffentlich kommts auch an.

Viele Grüße von Hartl
Auf Wiedersehn!

Voraussichtlich dauerts noch 2-3 Monate bis ich mit Urlaub drankomme, jetzt ist es eigentlich noch gar nichts weil man dann wieder in dieses verfluchte Rußland zurück fahren muß. Ich warte noch lieber einige Zeit, die meisten sagen das Gleiche.

den 6.V.42

Liebe Eltern!

Die Post geht jetzt scheinbar schneller als früher, ich habe Euren Brief vom 21. April schon erhalten. Die Trockenmilch ist auch angekommen und ich habe gleich probiert wie das Puddingkochen geht. Es geht prima, man merkt jedenfalls daß es besser schmeckt als mit Wasser.
Bei uns hat sich auch wieder allerhand ereignet. Wir haben ausgerechnet jetzt, weil wir uns eingerichtet und einen Unterstand fast fertig gebaut hatten, wieder Stellungswechsel gemacht.
Wir sind jetzt beim 1. Batl. Wir haben jetzt eine tadellose Stellung in einem kleinen Wäldchen. Der Überblick ist ungefähr so als wenn man daheim auf dem Berg steht. Es ist hier soweit

schöner als im Dorf, weil man seine Ruhe hat, es kommt ganz selten mal ein Offizier her, der einzige Nachteil ist weil wir das Essen aus einem ungefähr einem km entfernten Dorf holen müssen. Wir wohnen in einem Bunker, der ist zwar ziemlich klein und nidrig, wir müssen aber sowieso einen neuen bauen.

Wenn schönes Wetter ist kann man sich draußen aufhalten, leider haben wir seit ein paar Tagen mal wieder Regenwetter. Im Bunker ist es doch ganz schön dunkel zum schreiben, drum komme ich auch von den Zeilen. Ist die Uhr schon angekommen, ich hab vergessen zu schreiben, daß eine Taschenuhr besser ist in Rußland.

Viele Grüße von Hartl

den 13. V. 1942

Lieber Eltern!

Heute haben wir Luftpostmarken bekommen und nun will ich gleich probieren ob es damit schneller geht. Allerdings darf ein Brief nur 10 gr schwer sein. Mir gehts noch immer ganz gut, wir haben wieder genug Arbeit mit Bunker bauen. Diesmal scheint er doch fertig zu werden, bis jetzt habe ich schon an 4 Bunker gebaut, jedesmal als er fast fertig war mußten wir wieder wo anders hin. Hier werden wir wohl noch einige Zeit bleiben, verschiedene haben schon Radieschen angesäht. Gestern früh um 2 Uhr haben unsere mal wieder einen Stoßtrupp gemacht und einen Bunker ausgehoben, dabei haben sie 18 Gefangene gemacht.

Zwei Offiziere und ein Komissar werden erschossen weil sie flüchten wollten.

Für uns ist es jetzt allerdings wieder schlechter geworden, denn sobald sie jetzt was sehen schießen sie rüber, treffen werden sie ja kaum aber es ist doch ein unangenehmes Gefühl wenn die Kugeln vorbei pfeifen. Die russischen Flieger lassen sich auch öfter sehen, aber nur dann wenn von uns keine da sind. Wir haben jetzt einmal gefischt und dabei sind zwei von uns ins Wasser gefallen, wir bräuchten Angelhaken und Schnur dann wärs schon recht.

Viele Grüße an Alle von Hartl
Auf Wiedersehn!

den 15. V. 1942

Liebe Eltern!

Ich werde wieder ein paar Zeilen schreiben weil grade günstige Gelegenheit ist zum Transport der Post. Es fährt nämlich morgen der erste Mann von unserem Zug in Urlaub und der nimmt die Post mit, es geht dann doch etwas schneller. Ich habe vor ein paar Tagen 150 M abgeschickt, sind die schon angekommen. Ein Päkchen mit Tabak habe ich vor 8 Tagen weggeschickt und wenn ich eine Schachtel habe kann ich noch eins schicken, es gab jetzt ein paarmal Marketenderware, die Kameraden rauchen lieber Zigaretten da haben wir getauscht.

Wir haben jetzt sehr gute Verpflegung, es gibt jeden Tag früh um 4 Uhr es ist viel praktischer als wenns gleich für 2 Tage gibt. Trotzdem reicht sie immer schlecht, durch das Bunkerbauen gibts immer großen Hunger. Es werden auch Angriffe der Russen erwartet nach Gefangenenaussagen, da sind wir meist die ganze Nacht auf.

48

Es ist jetzt sehr schönes Wetter schon ziemlich warm, jetzt ist es endlich soweit daß wir die Läuse fast ganz weggebracht haben. Ich werde jetzt Bestellungen aufgeben nach Schuhcrem, die Stiefel sollen immer geputzt sein, dann Zahnpasta und irgend eine Hautcrem damit die Sonne einem nicht gleich aufbrennt. Wenn der Bunker fertig ist haben wir ein herrliches Leben im Wald,es fehlt nur doppelte Portion. Wenn wir wieder mehr Zeit haben werden wir uns aufs fischen verlegen. Wild scheint es überhaupt sehr wenig zu geben ich hab seitdem ich in Rußland bin nur 5-6 Hasen gesehen, Rehe überhaupt nicht, einmal im Winter einen Fuchs da haben alle geglaubt es ist ein Wolf aber die gibt es in dieser Gegend nicht.

Viele Grüße von Hartl
Auf Wiedersehn!

Auf der Karte ist unser Weg in Rußland ungefähr eingezeichnet, wo das Kreuz ist sind wir jetzt ungefähr.

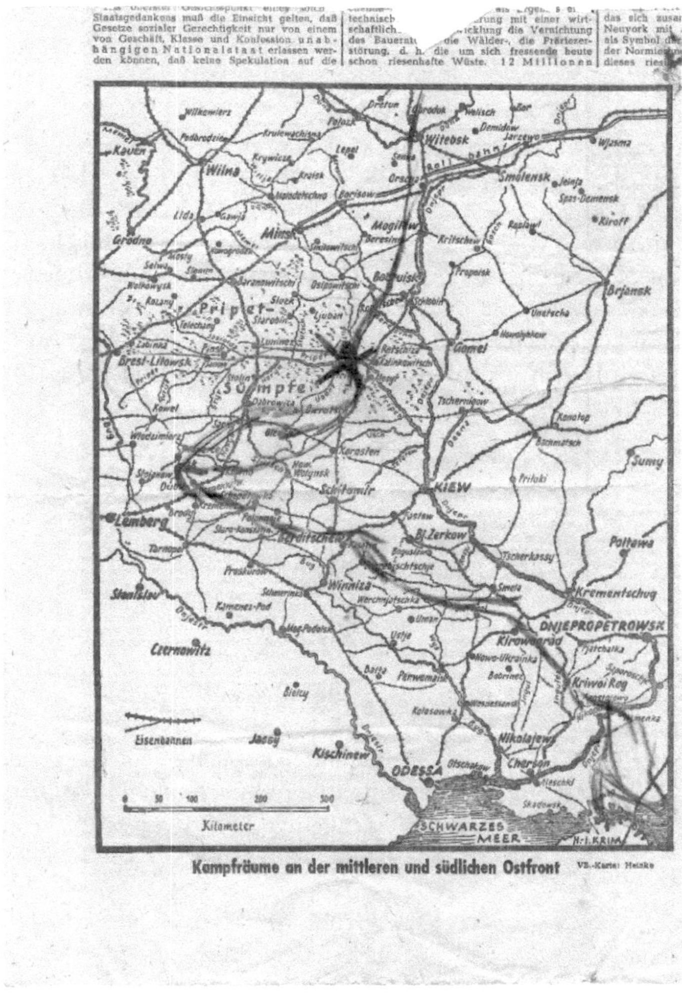

Besagte Karte

den 18.V.42

Liebe Eltern!

Ich habe wieder 2 Päckchen mit Trokenmilch und einen Brief vom 1.V. erhalten. Mir geht es ganz gut. Das Wetter ist auch meist schön und es ist sehr warm. Jetzt haben wir ziemlich viel Arbeit mit unserem Bunker, Holz sägen und heran fahren.

Wir haben lauter Eichen, die sind ganz schön schwer. Heute mittag haben die Russen im Dorf 3 Häuser mit Leuchtspur in Brand geschossen, es ist uns viel lieber daß wir nicht im Dorf sind. Die Holzhäuser halten auch nichts ab, es geht jeder Schuß durch, erst gestern wurde wieder einer verwundet. Es ist mal wieder Urlaubsperre, also wieder nichts.

Viele Grüße von Hartl
Auf Wiedersehn!

den 25.V.42

Liebe Eltern!

Vorgestern habe ich zwei Päckchen mit Fleisch und 3 mit Gutl erhalten. Heute früh um 2 Uhr gabs wieder Post, es war ein Brief vom 8.V. und 6 Päkchen dabei. Gestern haben wir 2 Flaschen Sekt und 1 Flasche Schnaps bekommen und abends noch eine Feldflasche voll Glühwein, der war prima. Einer von uns hat einen ganz schönen Rausch gehabt.

Von Samstag auf Sonntag haben die Russen 2 x angegriffen, es hat ihnen aber nichts genutzt. Sogar mit Flugzeugen waren sie da. Es war eigentlich ganz schön, alle möglichen Farben Leuchtspur. Die Russen haben meist rote u. grüne, unsere fast alle gelb, es sah aus als wenn lauter Farbenschnüre am Himmel aufgehängt sind. Von der M Pak sind 2 tot und 3 verwundet. Bei uns ist nichts passiert.

Viele Grüße an Alle von Hartl

den 30.V.42

Liebe Eltern!

Gestern habe ich den Brief vom 15. Mai bekommen und 3 Päkchen mit Gutl. Die Badehose und die Uhr ist noch nicht da, wird schon noch kommen. Mit baden ist es jetzt schlecht, denn die Pioniere haben hinter dem Fluß alles vermint. Es soll aber eine Gasse durch sein wir müssen auch Wasserholen. Ich bin ja jetzt selbst "Minenfachmann", da können wir uns schon helfen. Die Milch ist tadellos, wir machen da allerhand Kochversuche, die Hauptsache ist man wird fett.

Viele Grüße von Hart
Auf Wiedersehn

den 1.VI.42

Liebe Eltern!

Heute früh gabs wieder Post und da war das Messer und die Uhr dabei. Das vorletzte mal war unsere Post schön aufgeweicht. Die Häuser sind alle abgedeckt weil die Russen sonst die Schuppen in Brand schießen, wenns halt jetzt regnet gehts gleich durch. Bei uns ist es noch etwas besser im Bunker, es darf schon ein paar Tage regnen bis es durchgeht.

Wir haben jetzt immer Holz gefahren zum neuen Bunker. Am Tage darf man sich kaum sehen lassen weil die Bande gleich immer schießt. Bei uns ist er ja fast 1 km ab, aber es könnte doch mal eine Kugel treffen. Es wird halt jetzt nur nachts gearbeitet, es ist hier blos 6 Stunden dunkel, von 9 Uhr bis früh um 3 Uhr. Zurzeit ist Vollmond da wird es überhaupt nicht dunkel, es ist blos die Sonne weg.

Wir haben seit Pfingsten zweimal Wein bekommen, lauter französischen er ist gar nicht schlecht. Tabak gibt es auch ziemlich viel, drum kann ich wieder welchen schicken. Die Kameraden rauchen lieber Zigaretten. Es ist jetzt nichts los und wir warten entweder auf Urlaub oder noch lieber wär uns wenn der Krieg bald aus wäre.

Viele Grüße von Hartl
Auf Wiedersehn!

den 7.VI.42

Liebe Eltern!

Heute habe ich wieder einen Brief gekriegt und zwar vom 26. Mai. Wir können heute kaum schlafen, weil es bei dem Bunker durchregnet und der neue ist noch nicht fertig. Es wird aber jetzt langsam Zeit daß er fertig wird denn der Russe wird ganz schön aktiv. Mit fischen geht auch nicht mehr viel, höchstens abends. Es soll jetzt Verstärkung kommen, Panzer, Kradschützen[29] und Pioniere. Es wird wohl bald ein Kessel gemacht werden. Darnach werden wir hoffentlich hier raus kommen.

Viele Grüße von Hartl

den 14. Juni 1942

Liebe Eltern!

Es ist jetzt allerhand los mit der Fliegerei hier, aber von unseren Fliegern sieht man selten einen. Zurzeit ist eigentlich ganz gut daß mit Urlaub noch nichts ist, denn es ist hier vorne sicherer. Es ist schon einigen passiert, sie haben so lange Glück gehabt ausgerechnet auf der Fahrt in den Urlaub hat sies erwischt.

Wir habens ganz gemütlich, der Bunker ist fast fertig der Russe kann uns nichts mehr anhaben, wir müssen blos abends beim Essenholen vorsichtig sein. Sonst gehts mir ganz gut und

---

[29] Motorisierte Verbände, leicht bewaffnet und hochbeweglich

bin gesund. Ich bräuchte mal einen Taschenspiegel und einen Kamm, wir bekommen ja hier nichts.

Viele Grüße von Hartl

den 16. Juni 1942

Liebe Eltern!

Gestern habe ich wieder von Euch 10 Pakl bekommen. Es klappt jetzt bei uns mit der Post auch ein bißchen besser wie früher. Es kam vor daß sich unsere Post 8-14 Tage bei anderen Zügen herumgetrieben hat, unser Zugführer kümmerte sich auch um gar nichts.
Mir gehts noch immer ganz gut und bin auch gesund.
Ich bin froh daß wir hier sind, die alte Stellung bepflastern sie jetzt immer ganz schön mit Granatwerfer, wir könnens von hier genau beobachten. Er setzt wohl ab und zu zu uns auch ein paar Schuß her aber bis jetzt hat er noch nie in die Nähe getroffen. Der am nächsten liegende Schuß war noch 200 m entfernt. Hört man bei Euch auch immer noch nichts von Kriegsende.

Viele Grüße von Hartl

den 19. Juni 1942

Liebe Eltern!

Ich bin jetzt mal wieder versetzt worden, und zwar zur 7,5 cm Pak. Es ist das Geschütz erst heraus gekommen, es hat noch Rohre von 1917 und zwar französische. Es kommt noch soweit, daß wir überhaupt keine Aris mehr brauchen, das macht alles die Pak. Mit dem Ding kann man immerhin 10 km schießen, indirekt natürlich. Wir sind ungefähr 15 km hinter der Front, ich wäre zwar lieber vorne geblieben bei der leichten Pak. Ein paar Päckchen habe ich auch wieder bekommen. Also Pudding und was sonst zum kochen ist, braucht Ihr mir eine Weile nicht mehr schicken, erstens haben wir hier keine richtige Kochgelegenheit und es gibt wieder Mittags essen. Sonst gehts mir noch immer gut und hoffe auf baldiges Kriegsende.

Viele Grüße von Hartl

den 21. Juni 1942

Liebe Eltern!

Heute habe ich mal ein bisl Zeit zum Schreiben. Es ist heute schon wieder der dritte Tag daß ich hier hinten bin. Viel lieber wäre ich aber vorne geblieben, da hatte man sich die Zeit selbst einteilen können und die Arbeit die zu machen war. Unser Bunker war jetzt auch fertig wir haben uns so geplagt bis wir die Eichenstämme alle da hatten. Ich habe ja schon immer gesagt wenn wir mal soweit sind kommen wir weg, es war der fünfte Bunker den ich habe bauen helfen. Scheinbar habe ich bei unserem Zugführer Schlag[30], sonst wäre ich kaum zum S Zug gekommen. Es ist ein prima Kerl, er war vorne auch mein Zugführer.

Ich bin froh wenn die Ausbildung wieder beendet ist, dann kommen wir wieder weg. Hier ist es ja nichts, um 5 Uhr früh ist Wecken, dann ist Dienst bis 1/2 12 Uhr, um 1/2 2 Uhr gehts schon wieder weiter bis 5 Uhr. Schlafen müssen wir in Zelten weil in den Häusern kein Platz mehr ist, es ist noch manchmal ziemlich kalt. Einen Vorteil haben wir doch unser Zug wird nämlich motoriesiert, mit Pferden bringen wir unsere Kanone auch nicht weit, sie wiegt doch immerhin 30 Ztr. Unser neuer Komp. Chef war nämlich vorher Regimentsadjutant, der hat dann doch Beziehungen, drum kriegen wir auch Raupenfahrzeuge. Die sind auch notwendig, das Gelände ist ziemlich pucklig, so ähnlich wie zu Hause und wir müssen sehr oft Stellungs- wechsel machen. Bis der Russe mit Ari schießt müssen wir schon wieder verschwunden sein.

Der S Zug soll ja der Stolz des Regt. werden. Sonst gehts mir noch ganz gut und bin auch gesund. Ich hab schon geschrieben daß Ihr mir Pudding und so weiter nicht mehr schicken braucht, es ist keine Gelegenheit mehr zum Kochen und außerdem sind wir ja dann andauernd auf Reisen. Wir sollen sogar schon zu Nachbardivisionen.

Mit Essen komme ich jetzt schon aus, und unser Zugführer ist auch ein sehr guter Organi- sierer. Vom Schmidbauer hab ich noch keinen Brief bekommen obwohl ich Ihm schon 2 mal geschrieben hab. Hoffentlich wird der Krieg bald aus, wir haben Aussichten daß wir nach Kriegsende noch vielleicht ein paar Jahre Soldat sind.

Viele Grüße von Hartl
Auf Wiedersehn!

Schreibt ob die Resl noch die Bilderschecks sammelt.

den 29. Juni 1942

Liebe Eltern!

Heute gabs mal wieder Post bei uns, es war der Luftpostbrief vom 19. Juni dabei. Manchmal brauchen die Luftpostbriefe auch ziemlich lange, wie halt grad die Flugverbindung klappt. Es war noch ein Brief vom 14. dabei und 10 Päckchen, 1 mit Wurst, 5 mit Gutl und 4 mit Suppe.

Ich habe mal in einem Brief geschrieben daß ich keine Pudding und Suppen mehr kochen kann, da hat sich wieder geändert es klappt jetzt wieder. Kriegt man bei Euch auch den Süß- stoff so schlecht, bei anderen Kameraden wurde geschrieben, daß es keinen mehr gibt. Der Schmidbauer hat mir jetzt auch geschrieben, er schreibt auch von Ablösung und dachte schon wir sind schon aus Rußland heraus. Es geht ihnen genau wie uns, wer einmal im Paradies ist kommt nicht mehr heraus. Ich hab ihm gleich wieder geschrieben.

Mir gehts ganz gut und bin gesund. Die Flieger sind ganz schon frech, gestern Nacht haben sie wieder mal ganz in der Nähe Bomben geschmissen ohne Erfolg. Bei uns im Dorf haben sie Flugblätter abgeschmissen, gleich ein paar ganze Bündel, sie haben grad die richtige Größe zum Arsch wischen das Papier ist so ziemlich knapp.

---

[30] Eindruck hinterlassen

Die längste Zeit werden wir wohl wieder hier gewesen sein, unser Zugführer war schon beim Aussuchen von Stellungen im Nachbarabschnitt. Heute habe ich wieder ein Päckchen mit Tabak und ein paar Zigarren abgeschickt, hier hinten gibts nicht mehr so viel Rauchware.

Viel Grüße von Hartl
Auf Wiedersehn!

den 27.VI.42

Liebe Eltern!

Heute habe ich zwar auch grad nicht recht viel Zeit aber zu einem anständigen Brief muß es reichen. Wenns noch einige Zeit so weitergeht wies jetzt ist, werden wir bald auf dem Hund sein. Gestern abends hatten wir wieder mal höchste Alarmbereitschaft, wir haben alles fertig und warteten nur noch auf Abmarschbefehl, bis Mitternacht waren wir auf dann wurde wieder abgeblasen. Tagsüber müssen wir Bunker bauen, wir haben überhaupt zu nichts mehr Interesse es ist doch alles Blödsinn was gemacht wird. Das Kommando haben solche die nichts verstehen.

Heute früh als wir weiterbauen wollten war eine halbe Wand eingefallen. Es ist ja alles egal was man macht, es ist das Beste, man sagt nichts und macht nur soviel wie gesagt wird. Wir haben zu sechsst in einem ganzen Tag 2 Stämme eingebaut als Unterlage für die Bunkerdecke. Vor ein paar Tagen mußten alle die an den Bunkern bauen 1/2 Stunde Strafexerzieren weil dem Oberst keine Meldung gemacht wurde. Am meisten freute uns das die Unteroffiziere und der Oberfeldwebel auch mitmachen mußten.

Mit meiner Uhr habe ich wieder Pech gehabt, sie ist gänzlich kaputt, die Armbanduhren sind in Rußland nichts. Wenn Ihr grad eine habt könnt Ihr wieder eine schicken, ganz ohne Uhr ist es auch schlecht. Gestern kam noch Post, für mich blos ein Päckchen mit Gutl. Sonst ist noch alles beim Alten, die Stimmung ist sehr schlecht man kann schon allerhand zu hören bekommen.

Der Krieg darf bald aus werden sonst kanns schief gehen. Der Oberst sagte wir sollen uns aus dem besetzten Gebiet ernähren können und noch möglichst viel davon an die Heimat abgeben. Wer aber die Arbeit ohne Maschinen machen soll sagte er nicht, von der Front darf niemand herausgezogen werden. Und dann müssen wir erst sehen was übrig- bleibt, der Russe wird alles versuchen um die Ernte zu vernichten. Jetzt wird plötzlich wieder von Kameradschaft geredet wegen der Kilomarken. Die großschwänzigen Berliner sind jetzt auf einmal ganz klein, bis jetzt haben sie die vom Land nie gebraucht jetzt auf einmal sind sie umgewandelt.

Viele Grüße von Hartl
Auf Wiedersehn!

den 28. Juni 1942

Liebe Eltern!

Nun muß ich doch mal wieder schreiben, es kommt mir so vor als hätte ich schon eine Ewigkeit nicht mehr geschrieben. Hier hinten vergeht die Zeit sehr langsam, ich wäre lieber am alten Platz geblieben. Hier ist alles Scheiße, von früh um 5 Uhr bis abends 6 Uhr hat man keine Ruhe … [unleserlich] ginge. Die sind ganz schön verrückt hier, wir haben mehr Dienst als in einer Kaserne.

Ja, wenn die Russen mal ein paar Granaten herüberschickt, dann heißts wieder, keiner darf die Deckung verlassen, der Russe kann nämlich das Dorf einsehen und wenn er mal zu viel Bewegung sieht schießt er.

Wir haben blos Spaß daran, dann laufen die Herren mit Stahlhelm herum und machen sich wichtig. Ihr sollt mal sehen wie sie verschwunden sind wenn ein Abschuß zu hören ist. Gestern hat uns ein General besucht, die Komp. wird bespannt und da wollts er sehen was noch alles fehlt. Wir haben also schon vorgestern alles im Walde aufgebaut, und verladen, alles marschbereit wie es so üblich ist wenn mal einer zur Besichtigung kommt.

Wir hatten also auch unser ganzes Gepäck usw. verladen und wie es dann meistens kommt wars auch da, es kam ein Gewitter und wir waren ungefähr 1 km weg im Wald. Ihr könnt Euch ja denken was nun passierte, erstens wurden wir durch und durch naß, bei einem Wolkenbruch ists auch nicht anders möglich und als wir dann im Quartier ankamen hat die ganze Bude geschwommen. Glücklicherweise wohnen wir im Zelt, da war es noch ganz trocken. Jetzt kam die Frage was ziehen wir an und wie u. wo trocknen unsere Klamotten.

Es blieb uns nichts anderes übrig wir mußten mit den nassen Sachen schlafen, es ist eigentlich … [Brief unvollständig, Seiten fehlen]

den 6. Juli 1942

Liebe Eltern!

Ich habe wieder ein paar Päckchen erhalten, in einem war die Angelschnur, den Rosenkranz habe ich auch bekommen, den andern hab ich auch noch den ich von zu Hause mitgenommen habe. Es wird ja jetzt bald ein Jahr daß ich weg bin, wie schnell doch die Zeit vergeht.

Heute ist das Wetter ziemlich schön, die meiste Zeit jedoch ist Regenwetter und dann ist es sehr dreckig.

Gestern haben wir mit der 7,5 cm Pak geschossen, dazu sind wir etliche Kilometer weiter zurückgefahren damit uns die Russen nicht einsehen konnten. Die Granate hat eine ganz schöne Wirkung, sie wiegt immerhin 16 Pfund. Bei dem 1. Schuß muß man ganz gehörig aufpassen, das Rohr läuft 90 cm zurück und das ganze Geschütz bis es festgeschossen ist 40 cm. Einer hat schon ein blaues Auge davongetragen.

Der Oberst hat die S Pak sehr herausgehoben wegen der guten Treffsicherheit. Sonst geht es mir noch ganz gut. Der Spieß ist heute in Urlaub gefahren mit 1 Unterofizier und 2 Mann. Einer davon ist schon 3 Jahre Soldat und war erst 1 mal zu Hause. Es soll jetzt in verstärktem Maß in Urlaub gefahren werden, da werde ich wohl auch mal dran kommen.

Am "deutschen Eck", das ist eine ganz gefährliche Stellung vorn, habens gestern wieder auf einen Bunker einen Volltreffer gekriegt. Die Granate ging durch und explodierte drinnen, es waren 6 Mann drinn sämtliche tot. Von uns war auch einer dabei. Wenn nur mal der Krieg zu Ende wäre, die Stimmung ist grad nicht mehr gut.

Viele Grüße von Hartl
Auf Wiedersehn!

den 9. Juli 1942

Liebe Eltern!

Den Brief vom 26. Juni habe ich gestern bekommen. Wenn Ihr keine Feldpostbriefe beigelegt hättet, könnte ich gar nicht mehr schreiben. Augenblicklich haben wir sehr heißes Wetter, wir müssen jetzt immer Holz arbeiten erstens für Bunkerbau in den Stellungen und dann noch Brennholz für den Winter, wir haben also nette Aussichten. Soeben habe ich von Göschls einpaar Romane und Briefpapier bekommen. Wir sind jetzt in ständiger Alarmbereitschaft, vor ein paar Tage hat der Russe bei uns angegriffen, ohne Erfolg er kam bis zu den Drahthindernis.

Viele Grüße von Hartl

den 13. Juli 1942

Liebe Eltern!

Heute hab ich grad mal ein bischen Zeit drum will ich gleich wieder schreiben. Zurzeit haben wir sehr wenig Zeit für uns, den ganzen Tag ist jetzt meist Arbeitsdienst, Bunkerbau, Holzarbeiten, unsere Zelte müssen wir jetzt auch eingraben wegen der Fliegerangriffe. Es wird ein so großes Loch ausgehoben daß das ganze Zelt hineinpaßt, es kann dann höchstens mal vorkommen bei einem Wolkenbruch daß wir schwimmen.

Die russischen Flieger sind ganz schön frech, jede Nacht fliegen die Saubande in der Gegen herum und werfern Bomben, bei uns im Dorf ist bis jetzt noch nichts passiert. Gestern sind in ziemlicher Nähe etliche Bomben gefallen, wir haben das Sausen ganz deutlich gehört zum Glück waren es Blindgänger. Es ist gut daß ich sehr guten Schlaf habe, die meiste Zeit höre ich gar nichts. Die Flieger müssen ganz alte klapprige Kisten sein, es hört sich an als wenns jeden Augenblick auseinanderbrechen wollten. Sie haben auch nicht viel Schneid1, ein paar Gewehr- oder M.G. Schüsse und sofort drehen sie ab.

Es ist ganz gut daß jetzt mit Urlaub nichts ist, in Orel passiert jetzt hübsch oft daß Urlauber verwundet wurden. Sonst gehts mir soweit ganz gut, nur wenn wir mal einen halben Tag arbeiten sollen merkt man erst daß man überhaupt keine Kraft mehr hat. Augenblicklich haben wir ziemliche Spannung in der Komp. wegen der Verpflegung u. Essen. Man ist da so allerhand auf der Spur gekommen.

Im Dorf sind noch Russenweiber die müssen waschen u.s.w., und dazu sinds fast alle noch jung, da könnte Ihr ja denken wo die übrige Verpflegung hinkommt um die wir beschissen wurden. Von uns hat ja an den Weibern keiner Intresse. Unser neuer Spieß[31] hat ja jetzt

---

[31] Kompaniefeldwebel

aufgeräumt, ich bin gespannt was noch für die Küchenbullen alles nachkommt, sie mußten alles aufweisen was empfangen wurde vom Verpflegungsamt und was an die Mannschaft ausgegeben wurde. So zum Beispiel fehlen in ein paar Wochen 65 Pfund Butter, alles haben wir noch gar nicht erfahren. Bei uns heißt es jetzt es kann im Monat ein 2 Pfund Päckchen geschickt werden, es soll dazu extra Marken geben, ist Euch schon was bekannt davon, es kann aber auch mal wieder einer geträumt haben.

Nun werde ich mir noch Suppe kochen und dann schlafen gehen.

Viele Grüße von Hartl
Auf Wiedersehn!

Ich brauche dringend Schuhcreme und einen Kamm mit Spiegel.

den 16. Juli 1942

Liebe Eltern!

Den Luftpostbrief vom 11. Juli habe ich gestern abends erhalten, er brauchte diesmal gar nicht lange. Wir bekommen jetzt fast jeden Tag Post, meistens jedoch nur Briefe, Päckchen erwarten wir heute wieder welche weil heute nach Verpflegung gefahren wird. Heute haben wir angefangen für uns Wohnbunker zu bauen in jeden sollen 10 Mann Platz haben. Es sollen 6 m Decke drauf, es ist aber immer leichter gesagt als getan.

Heute haben wir pro Mann 1/2 l Bier bekommen und am Sonntag solls Wein geben. Das Essen und die Verpflegung ist jetzt bedeutend besser geworden auf den Krach hin. Vorläufig schlafen wir noch in Zelten, wir haben einen Meter Erde ausgehoben und da das Zelt drüber gebaut, da sind wir doch sicherer als auf ebener Erde. Eben ist Post gekommen, es waren 3 Päckchen dabei. Luftpostmarken gabs auch wieder, die Paketmarken gabs leider noch nicht, hoffentlich kommen die bald. Eine Marke lege ich wieder bei.

Viele Grüße von Hartl
Auf Wiedersehn!

den 25.VII.42

Liebe Eltern!

Heute haben wir endlich die so lang erwarteten Paketmarken bekommen und dazu gabs auch gleich Luftpostmarken, es hat also wieder ganz gut gepaßt. Heute Abend bekommen wir sehr wahrscheinlich Post, weil sie wieder um Verpflegung gefahren sind.

Vielleicht schreibe ich morgen einen längeren Brief, es ist wieder allerhand los. Es darf jetzt wohl ein Flugzeug extra wegen den vielen Luftpostbriefen in die Heimat fliegen, heute schreibt doch jeder Luftpost. Mir gehts soweit noch ganz gut, außer mit der Freßerei.

Viele Grüße von Hartl

Eine Luftpostmarke lege ich auch bei.

den 1.VIII.42

Liebe Eltern!

Gestern hab ich mal wieder 3 Päckchen mit Speck und eins mit Gutl und 4 mit Nudeln bekommen. Es ist alles tadellos angekommen. Von Göschls hab ich einen Kamm erhalten. Mir
gehts noch immer ganz gut, es wird jetzt bald Kartoffel geben dann ist die schlechte Zeit
wieder vorbei. Sonst rührt sich bei uns auch nichts, die Russen sind ganz schön ruhig. Heute
werde ich noch ein Päckchen mit Zigarren wegschicken.

Viele Grüße von Hartl
Auf Wiedersehn!

den 11. August 1942

Liebe Eltern!

Ich war jetzt 8 Tage zur Erholung in Orel, ab 1. August. Es ist da für unsere Div. extra
hergerichtet worden, da wars ganz schön, wenigstens hat es genug zu Essen gegeben. Flieger
sind die Zeit keine gekommen, es war auch ganz gut so. In den 8 Tagen habe ich ungefähr 10
Päckchen bekommen mit Fleisch und Kuchen. Bei uns gabs heute Marketenderware mit
hübsch viel Zigarren und Tabak. Ich schicke heute 3 Päckchen ab.

Wenns jetzt mit Urlaub so weiter geht, kann ich vielleicht noch in diesem Jahr fahren, hoffentlich kommt nicht wieder Urlaubsperre. Von Orel habe ich 150 M weggeschickt, sind die
schon angekommen. Bei uns hier vorne war wieder allerhand los, es sollte die russische Bun-
kerlinie aufgerollt werden. Bis jetzt ist noch gar nicht genau heraußen wie viele von uns tot
sind. Vorläufig sollen es 16 Mann sein, die meisten davon sind in das eigene Ariefeuer hinein-
gerannt, es waren wieder ein paar Offiziere dabei die das E.K. wollten.

Ein schweres Pakgeschütz bekam einen Volltreffer, es sind 2 Mann tot. Das hätte alles nicht
sein müssen wenn die eine Auszeichnung gehabt hätten. Mir gehts soweit ganz gut und ich
hoffe jetzt doch wieder auf Urlaub.

Viele Grüße von Hartl
Auf Wiedersehn!

den 12.8.42

Liebe Eltern!

Heute habe ich den Brief vom 31. Juli und den Luftpostbrief vom 6. August erhalten, außerdem ein Päckchen mit Fleisch und eines mit Nudel. Den Kamm, Spiegel und Schuhcrem
habe ich auch bekommen. Heute soll der Oberst noch kommen um 9 Uhr, ich werde mich
hinlegen jetzt und morgen weiter schreiben, bei Licht gehts sowieso nicht gut.

Bei uns ist jetzt sehr schönes Wetter, bei Tag sehr heiß und bei Nacht saukalt. Die Ernte ist
in vollem Gange, jetzt holen sie das Getreide das gleich hinter den Stellungen ist, es arbeitet
dort nur die Bevölkerung, bis jetzt hat der Russe noch nie geschossen.

Es kommen fast jeden Tag Überläufer denen gefällts auch nicht mehr länger Krieg zu führen. Sonst ist noch alles gleich geblieben. Hoffentlich kommt das Packet bald. Ich habe noch 3 Päckchen Tabak und eine Portion Zigarren, da brauch ich erst eine Schachtel zu schicken.

Viele Grüße von Hartl
Auf Wiedersehn!

Auf die Luftpostbriefe müßt Ihr mit Rotstift ein X draufmachen dann geht's schneller.

den 5.IX.42

Liebe Eltern!

Den Brief vom 24.8. erhalten. Vom Wirt in Humbach habe ich bis jetzt noch kein Päckchen bekommen, jetzt fehlen schon bei mehreren Päckchen die schon länger als ein Monat unterwegs sind. Bei uns ist mal wieder Spannung, diesmal werden wir doch wegkommen.

Mit Urlaub wirds nun auch wieder Schluß sein, es ist fraglich ob die überhaupt noch fahren können, welche am 8. fahren sollen. Sollts ich doch einmal zum Urlaubfahren kommen, nach Nürnberg fahre ich sowieso nicht hin, außerdem ist es nicht so einfach die Fahrt zu unterbrechen, es gibt da allerhand Bestimmungen. Am liebsten wärs uns wenn wir hier bleiben könnten. Der Bunker ist fertig, das Essen ist auch besser, jetzt sollen wir weg.

Das Wetter ist sehr schön, vom 1. auf 2.9. haben wir einen sehr starken Reif gehabt, es ist fast alles erfroren. Mir gehts wieder ganz gut, hoffentlich bleibts weiter so.

Einstweilen viele Grüße von Hartl
Auf Wiedersehn!

am 11. September 42

Liebe Eltern!

Es ist diesmal doch was geworden mit unserer Ablösung, aber leider nur an einem andern Frontabschnitt und zwar an der Bolchowfront. Wir sind ungefähr 200 km nördlich Orel. Bis kurz hinter der Stadt Bolchow wurden wir mit einem Fernlastzug der Reichsbahn gebracht, da ist gleich der Krieg los gewesen, es ist ein Anhänger mit Munition in die Luft geflogen. Die Schuld daran hatten die Gefangenen welche aufgeladen haben, es war lauter unverpackte und meist Granatwerferm. Übrigens war es russische Beutemunition. Von da aus hatten wir noch den ganzen Tag mit dem Trecker zu fahren bis wir hierher kamen. Auf der Fahrt sind schon allerhand abgeschossene russische Panzer gelegen neben der Straße.

In der Nacht vom 8. auf 9. gingen wir bei sehr starkem Regen in Stellung. Trotz unseres Treckers blieben wir etliche male stecken, der andere rutschte sogar mit Geschütz in den Graben. Als wir endlich hier angekommen sind mußten wir uns gleich Löcher graben zum hineinkriechen am Tage kann man sich nicht sehen lassen. Ihr könnt Euch ja denken wie wir ausgesehen haben, hier ist lauter Lehmboden und es hat die ganze Nacht und den andern Tag geregnet. Es ist gut daß es jetzt wieder schön Wetter ist.

So schlimm wie wir dachten ist es hier nicht, es stehen auf einem Abschnitt von 1 km 2 Flakgeschütze, 5 7,5 Pak, 3 5 cm und ein 3,7 Geschütz. Gestern wurde ein Panzer abgeschossen und einer Vorgestern. Mit der Postverbindung ist es jetzt sehr schlecht, wir können wohl schreiben aber von zu Hause kommt fast gar nichts ran. Mir gehts soweit noch immer ganz gut und bin auch gesund. Wie geht es eigentlich bei Euch so zu.

Ich bin blos noch gespannt auf das Kriegsende, wie lange wird das noch dauern. Ich bin neugierig wie lange wir in dieser Stellung hier bleiben, vielleicht auch so lange bis wir wieder alles fertiggebaut haben wie auf unserem alten Platz. Wir können uns kaum vorstellen das der Krieg noch einmal aus würde es schaut noch gar nicht danach aus.

Einstweilen viele Grüße von Hartl
Auf Wiedersehn!

am 14.9.42

Liebe Eltern!

Den Brief vom 29.8. habe ich erhalten und 6 Päckchen. Es ging diesmal so schnell weil unser Troß in Orel die Post mit hierher genommen hat. Mit Panzer hatten wir noch nichts zu tun. Wir hatten so ziemlich Ruhe vor den Russen, unsere Stellung haben sie noch nicht erkannt. Trotzdem kann man kaum aus den Löchern weil … [unleserlich] ganzen Tag die Gegend mit überschweren Granatwerfern abstreut, die haben ein Kaliber von 12,5 cm, das gibt ganz schönen Krach wenn so ein Ding losgeht.

Uns habens wieder ganz schön mit Verpflegung beschissen, es ist immer so wenn man irgendwo unterstellt ist, wir hatten 2 Tage überhaupt nichts. Es war überhaupt alles durcheinander, kein Mensch wußte was eigentlich noch alles an Waffen da ist. Wir haben jetzt als Zugführer einen Oblt. den sieht man fast überhaupt nicht, er geht aus seinem Loch nicht raus, für uns ist es ja besser wenn wir unsere Ruhe haben. Gestern hat uns der Komp. Chef besucht, er kam aber auch blos zu unserm Geschütz zu den andern kann man bei Tage nicht hin. Unsere Stellung ist 500 m hinter der H.K.L.[32], weiter vorne stehen von uns Panzer, die und die Infanterie haben unser Geschütz noch gar nicht gesehen so gut haben wirs getarnt. Wir dachten uns gleich, lieber etwas mehr Arbeit und dann haben wir vom Russen Ruhe.

Eine M Pak stand gestern 100 m links von uns die hat er sofort mit 20 Schuß Aro bepflastert weil daß Geschütz zu erkennen war.

Mir gehts ganz gut, wie ist es bei Euch? Der Krieg wird so schnell noch nicht aus werden, oder hört man bei Euch was anders? Das gleiche ist mit Urlaub und zum Rehbock schießen gibts auch keinen. Wenn Ihr keinen erwischt so gibts dann nach dem Krieg mehr zum schießen. Gibts in Deutschland noch überhaupt was zu kaufen, wenn man jemand trifft der aus dem Urlaub kommt, heißts immer es gibt nichts mehr. Wie ists bei Euch jetzt mit Benzin und mit Gasul, es gibt jetzt nicht mal mehr für unsere Division Benzin was gebraucht wird.

Ich bin gespannt ob wir noch mal abgelöst werden, lange genug wären wir schon in Rußland. Wir sind halt den russischen Winter schon gewöhnt.

… [Unleserlich] werden wir sehr wahrscheinlich den nächsten Winter auch da bleiben. Diesmal werden wir auch nicht mehr so dumm sein, wie wirs letzten Winter waren. Unsere

---

[32] Abkürzung für Hauptkampflinie, womit die Frontlinie gemeint ist

sämtlichen Zugführer sind krank geworden, oder sie haben Studienurlaub bekommen. Es gibt allerhand Krankheiten damit man hier raus kommt.

Viele Grüße von Hartl
Auf Wiedersehn!

Die Rauchwürste habe ich schon erhalten, habs vergessen zu schreiben.

am 20.9.42

Liebe Eltern!

Den Brief vom 5.9. habe ich erhalten, auch 2 Päckchen mit Kuchen. Wenn es immer so klappt mit der Postverbindung gehts fast schneller als an unserer alten Stellung. Hierher ist die Verbindung auch viel besser, es fahren Tag und Nacht Lastwagen mit Munition und Verpflegung. Wir haben ja gesehen als wir herfuhren was da für ein Betrieb ist, bis kurz hinter die Stadt Bolchow fahren sie mit den großen Lastzügen der Reichsbahn von da aus kommt der Nachschub mit kleinen Lastwagen nach vorne.

Es wird unheimlich viel gebraucht, hauptsächlich Artilleriemunition, die ersten Tage als wir hier waren hat die Arie Tag und Nacht geschossen immer ein Schuß nach dem andern. Jetzt haben sie etwas nachgelassen, es kommt bald wieder die Regenzeit da ist wieder fast unmöglich etwas heranzubringen. Es braucht blos mal eine halbe Stunde regnen, schon ist kaum mehr vorwärts zu kommen. Das Wetter scheint sich jetzt wieder etwas zu bessern, es hat fast 8 Tage andauernd geregnet. Wir haben uns schon oft wieder geärgert, dort hatten wir uns geplagt und Bunker gebaut und jetzt weils kalt wird sitzen wir wieder in Erdlöchern und frieren.

Wenn die Sonne scheint ist es noch auszuhalten, aber bei Nacht ist es hundsgemein kalt. In den nächsten Tagen sollen wir von hier wieder wegkommen, es soll in ein Waldstück gehen, da kann es vielleicht besser werden es ist da wenigstens Holz vorhanden. Da wirds doch hoffentlich wieder ruhiger werden damit man sich auch am Tage wieder aus dem Loch trauen kann. Den ganzen Tag hocken wir so im Loch und wissen kaum was wir alles machen sollen damit die Zeit schneller vergeht. Ich weiß auch nicht wie das kommt, wir können fast den ganzen Tag schlafen und bei Nacht ist uns die Stunde Wache auch noch zu lange. Wenigstens reicht jetzt aber das Essen und trotzdem wartet man schon drauf wenns Abend wird.

Wir haben jetzt solange ausgehalten da werden wir auch noch weiter aushalten, einmal muß der Krieg doch auch zu Ende gehen. Wenns soweiter geht wies jetzt ist bleibt in einem Monat vom Regiment nichts mehr übrig, jeden Tag 10-20 Verwundete und Tote.

Wir haben jetzt einen Zugführer der traut sich überhaupt nicht weg von seinem Loch, für uns ist es besser dann haben wir wenigstens unsere Ruh. Jetzt sieht man erst was wir für Vorgesetzte haben, als wir noch hinten lagen haben sie groß angegeben, jetzt weils knallt sind sie wie umgewandelt, sie wissen manchmal gar nicht was sie anfangen sollen. Die sollen dann, wenn wir mal herauskommen sollten auch das Maul nicht mehr so weit aufreißen. Mit unserm Geschütz haben wir vom Russen noch Ruhe gehabt, er hat uns noch nicht entdeckt. Sonst ist noch alles gleich, wir warten blos auf Ablösung.

Viele Grüße von Hartl
Auf Wiedersehn!

61

am 25.IX.42

Liebe Eltern!

Gestern bekam ich den Luftpostbrief vom 16. und einen Brief vom 10. Wir sind jetzt schon wieder umgezogen, es waren blos etliche km weiter südlich. Mit unserer Pak liegen wir jetzt direkt in der vordersten Linie und noch dazu mitten in einem riesigen Wald. Wenn der Russe mit Panzer angreifen will, müßte er an diesem Punkt kommen, es stehen hier 3 Geschütze. Wir bauen nun schon wieder mal einen Bunker, hier ists ja einfacher weil das Holz schon da ist. Gestern haben wir gehört daß der Russe an der Stelle wo wir solange waren durchgebrochen sein soll. Es kann sehr leicht möglich sein daß er die Ablösung gemerkt hatte, oder noch wahrscheinlicher ist daß es ihm die Zivilbevölkerung verraten hat. Das richtigste wäre wenn die Bewohner aus der Kampfzone herausgebracht würde.

Heute heißt es schon wieder daß die Russen wieder zurückgedrängt wurden, dabei sollen 70 Panzer vernichtet. Das wäre gar nicht schlecht gewesen wenn wir die Bunker für die Russe gebaut hätten. Es ist eigentlich komisch überall wo wir hinkommen ist es ruhig, aber kaum sind wir weg, geht der Teufel los. Diejenigen welche wir hier abgelöst haben sitzen jetzt genau wieder in der Scheiße weil sie dahin gekommen sind wo wir waren. Wir sind grad an einer Stelle, sollte mal was los sein dann heißts alles liegen lassen und dann Hals über Kopf. Am Geschütz haben wir die Sprengladung schon angebracht es braucht blos abgezogen werden dann fliegts in die Luft.

Sonst ist es ganz schön wir können auch am Tage umhergehen weil wir im Wald sind. Mir gehts ganz gut und schönes Wetter haben wir auch. In den nächsten Tagen gibts wieder Kilomarken.

Die Trockenmilch braucht Ihr mir jetzt noch nicht schicken, es ist besser dann wenns kalt ist dann hat man was warmes. Zwei Päckchen mit Speck sind heute noch gekommen. Ob Ihr mir Kuchen oder Krapfen schickt ist egal, hauptsache es ist was zum Essen.

Einstweilen viele Grüße von Hartl
Auf Wiedersehn!

am 30.9.42

Liebe Eltern!

Am 26. habe ich das Kilopaket erhalten. Gestern gabs wieder Luftpostmarken und die Kilomarke. Wir müssen wieder fest bauen, wenn sie nur mal wüßten was. Einmal heißts die Bunker dürfen nur für 4 Mann sein, dann wieder 50 m vom Waldrand und Weg. Heute kams wieder sofort Bunkerbauen einstellen. Heuer ists mit den Wintersachen auch besser, Filzstiefel sind schon da. Mir gehts sonst noch ganz gut, ich hab jetzt nicht mehr Zeit ein anderes mal mehr.

Viele Grüße von Hartl

am 11.X.42

Liebe Eltern!

Heute komme ich endlich mal dazu wieder mal zu schreiben. Ich habe schon am 7. Post bekommen, einen Brief vom 26.9. und einen Luftpostbrief den Vater geschrieben hat. Außerdem noch drei Päcken mit Speck und gestern gabs wieder 2 Päckchen.

Wir werden schon wieder einmal abgelöst, aber wir kommen blos ein Stückchen weiter. Die Bunker sind fast fertig, jetzt können ja andere herkommen. Wo wir hinkommen ist sehr wahrscheindlich wieder gar nichts, da können wir von neuem anfangen mit bauen. Diesmal lösen wir wieder eine motorisierte Einheit ab, das letzte mal wars eine Panzerdivision drum hatten wir blos Löcher vorgefunden in denen die Leute waren, weil sie doch wußten sie kommen noch vor dem Winter weg. Bei uns wird ja ganz schön geschimpft, sogar die Offiziere haben schon die Nase voll, natürlich nur die welche vorne sind.

Wir sind jetzt dem 46. Panzerkorps unterstellt, der Kommandeur hat kürzlich eine Zeitung herausgegeben über wie schützt sich der Landser gegen Kälte. Es ist schade daß das Blatt nicht mehr da ist, also der beste Schutz ist Papier, daraus soll man die Füße umwickeln und Westen machen. Es kommt uns allen bald vor als ob uns die noch dableiben wollen. Es ist auch Befehl gekommen, wenn ein Offizier kommt muß auch in vorderster Stellung mit Achtung gemeldet werden und die Posten haben fast Seiten lange Meldungen zu machen, die Hauptsache dabei ist daß man sagt die Stellung ist bis zur siegreichen Abwehr oder eigenen Vernichtung zu halten.

Na wir haben jetzt einen russischen Trecker bekommen der läuft 20-30 km da kann uns nicht viel passieren. Das Geschütz ist sowieso immer fertig zum sprengen es braucht nur abgezogen werden. Unsere Komp. ist bald International, es fehlen blos Schwaben u. Hamburger sonst ist alles vertreten. Uns kann ja nichts mehr erschüttern, aber es gibt noch allerhand was ich lieber nicht schreibe. Mir gehts ganz gut und bin auch gesund.

Das Wetter geht noch aber es wird nicht mehr lange dauern dann geht die Sauerei los. Die Frankfurter Zeitung kommt immer an, die ist ganz schön zu lesen. An Wintersachen haben wir Übermäntel und Handschuhe schon bekommen. Von uns hat jeder noch was "organiesiert", sonst kommt man zu nichts, uns wird schon nicht frieren wie vorigen Winter. Etwas schlauer ist man schon geworden.

Viele Grüße von Hartl

Der Beil hat mir noch nicht geschrieben.

am 19.X.42

Liebe Eltern!

Euren Brief vom 4.X. erhalten, außerdem noch drei Päckchen mit Fleisch. Wir sind seit 12.X. wieder in einer neuen Stellung. Diesmal haben wirs besser getroffen, es sind die Bunker wenigstens schon fertig bis auf Kleinigkeiten wie Tür und Fenster einbauen, Ofen einsetzen, Betten bauen.

Bis jetzt hatten wir das Pech bei jedem Stellungswechsel im Regen zu stehen. Das letzte mal wars wieder das selbe, wir fürchteten schon und sahen uns schon wieder Löcher buddeln die dann halb voll Wasser laufen. Gottseidank konnten wir als wir ankamen in die Bunker einziehen. Wir liegen in einem ehemaligen Dorf, es ist nichtmehr viel davon übriggeblieben. Wenigstens brauchen wir uns um Holz und Wasser keine Sorgen zu machen. Auf den Feldern gibts Kartoffel, Zwiebel und Kohl in Massen. Wir haben uns schon darüber gemacht und graben eine Portion aus für den Winter.

Heute haben wir ein richtiges Sauwetter, sehr wahrscheindlich ists der Anfang der Regenzeit. Ich bin heute auch nicht ganz auf dem Damm, es geht jetzt mehreren so. Sonst ist alles so ziemlich gleich, der Russe ist sehr ruhig. Hoffentlich wird der Krieg bald aus.

Viele Grüße von Hartl\
Auf Wiedersehn!

am 24. Okt. 42

Liebe Eltern!

Vor kurzem habe ich mal geschrieben daß man krank werden muß, jetzt ist es schon soweit gekommen. Wir sind von einem Geschütz 2 Mann gleich, wir haben beide leichte Gelbsucht. Heute sind wir bei der Komp., morgen früh kommen wir zum Hauptverbandsplatz. Wos dann weiter hingeht haben wir keine Ahnung. Jedenfalls sind wir mal eine Zeit weg. Vorläufig braucht Ihr also keine Päckchen mehr schicken, wenns wieder soweit ist schreib ich schon wieder.

Sonst bin ich eigentlich noch ganz gut beisammen, blos hundsmatt und das Essen schmeckt nicht. Die Ärtzte welche da sind sind ganz anständig. Vom 22.-23. hatten wir den ersten Schnee, jetzt ist er aber schon wieder weg. Frieren tuts ja jede Nacht. Vielleicht schicken sie uns nach Orel oder noch weiter.

Viele Grüße von Hartl\
Auf Wiedersehn!

den 26. Okt. 42

Liebe Eltern!

Ich bin jetzt schon 2 Tage am Hauptverbandsplatz. Es ist noch nicht bekannt ob ich hier bleibe oder noch weiter komme. Es geht mir ganz gut, es ist blos daß ich nichts zu fressen kriege. Es gibt blos Diät, aber es gibt jeden Tag Schokolade und Apfelwein.

Wenn ich bald wieder raus komme werde ich wahrscheinlich auch mit Urlaub dran sein. Als ich von der Komp. weg bin hat es geheißen im Nov. sind alle durch. Vorläufig braucht Ihr also nichts mehr schicken. Auf Weihnachten gibt es 8 Luftpostmarken, die Post schenkt jedem Soldaten 6 Stück. Also die Krankheit ist noch zu wenig um in die Heimat zu kommen, aber es macht nichts. Urlaub gibts ja dann sowieso.

Viele Grüße von Hartl\
Auf Wiedersehn!

am 1. Nov. 42

Liebe Eltern!

Ich bin nun schon wieder 1 Woche hier am Hauptverbandsplatz. Was eigentlich noch wird weiß kein Mensch, anfangs hats geheißen die Gelbsüchtigen kommen weiter nach Briansk. Es kommen zwar öfter welche weg, aber die sind meistens blos 1-2 Tage hier gewesen.

Wenn einmal ein Transport geht, können so bloß immer nur 4-5 Mann mitkommen, den anderen Platz brauchen die Verwundeten. Heute hats wieder geheißen wir sollen gleich hier auskuriert werden, es ist hier zwar auch zum aushalten nur etwas mehr Essen solls geben. Hier haben sie einen Landeplatz für Flugzeuge eingerichtet. Wenn schwere Fälle kommen, gehts gleich mit Flugzeug weiter bis Orel.

Mir gehts soweit ganz gut, habe auch Appetit nur dürfen wir kein Fett, kein Brot und kein Salz kriegen. Dafür gibts aber jeden Tag Schokolade Apfelbrei oder Apfelmost. Adresse kann ich keine andere angeben, weil ich nicht weiß obs nicht doch noch mal weg geht. Außerdem braucht Ihr mir jetzt nichts mehr schicken, ich sollte im Nov. auf Urlaub fahren, jetzt wird er sich etwas verschieben. Ich hoffe aber wenn ich hier raus komme daß ich dann gleich fahren kann.

Viele Grüße von Hartl
Auf Wiedersehn!

am 6.XI.42

Liebe Eltern!

Ich bin jetzt nun schon 16 Tage am Hauptverbandsplatz. Seit ein paar Tagen kriege ich 40 gr Butter und 2 Schnitten geröstetes Brot. Ich werde wahrscheinlich anfang nächste Woche hier raus kommen und wieder zur Truppe zurück. Mein ehemaliger Zugführer, jetzt ist er Oblt., ist auch hier wegen Gelbsucht. Mir gehts soweit ganz gut, aber längere Zeit wollte ich hier nicht bleiben.

Viele Grüße von Hartl

am 19.XI.42

Liebe Eltern!

Gestern bin ich vom Hauptverbandsplatz entlassen worden und zwar auf eigenen Wunsch. Wir mußten nähmlich arbeiten, es wäre nicht so schlimm gewesen, aber ab vorgestern mußten wir um 6 Uhr früh raus darum haben wir gekündigt. So früh brauchen wir hier nicht aufstehen, vor 9 Uhr fangen wir nicht an.

Als ich gestern mittag zur Komp. kam kriegte ich endlich wieder Post, es waren 1 Kilo und 14 kleine Päckchen da und 7 Briefe, darunter 3 Luftpost. Bis jetzt haben wir vom Winter noch nicht viel gespürt, jetzt scheint er aber mit Gewalt zu kommen, es schneit ganz schön. Die stärkste Kälte war bis jetzt 15 Grad, heuer kann uns nichts passieren, wir haben prima

Winterbekleidung, sie besteht aus Filzstiefel, Überhose und Rock, Mütze und Handschuhe. Es ist noch alles Wattiert und ist auch gleich Tarnung, bei Schnee kommt das Weiße nach außen.

Mein Urlaub hat sich etwas verschoben, ich muß erst warten bis welche zurück kommen, es sind viel zu wenig Leute, an den meisten Geschützen sind blos 2 Mann, an etlichen blos 1 und dazu noch ein Melder der macht also alles allein. An der 7,5 Pak müssen wenigstens 4 Mann sein, normalerweise sinds 8 Mann.

Vielleicht hab ich das Glück und kann über Weihnachten daheim sein. Mit den Kilomarken bin ich auch wieder angeschissen, erstens weiß ich nicht ob ich sie kriege, wir sind einer andern Komp. unterstellt, außerdem ist es schon zu spät. Wenn ich sie heute abend bekomme dann schicke ich sie mit, wenns noch rechtzeitig ankommen könnt Ihr ja ein paar Päckchen schicken aber alle nicht, vieleicht jemand andern. Sollten sie nicht rechtzeitig ankommen so habe ich Pech gehabt.

Mir gehts jetzt wieder ganz gut und bin auch wieder vollständig gesund. Sollte ich mal in Urlaub kommen, braucht Ihr Euch nicht kümmern ich komme schon heim.

Viele Grüße von Hartl
Auf Wiedersehn!

am 29. Nov. 42

Liebe Eltern!

Den Brief vom 14. Nov. habe ich erhalten. Am 8. Dez. fahren wieder welche in Urlaub, wahrscheindlich bin ich da auch dabei. Das letzte mal waren schon einige dabei die erst im Januar 42 gekommen sind. Heute sind wir mal wieder beim Sachen packen, es geht wieder wo anders hin. Uns ist ja alles ganz egal, wir ärgern uns nicht mehr. Jedenfalls glaube ich ganz bestimmt daß ich beim nächsten Schub auch dabei bin in den Urlaub.

Viele Grüße von Hartl

am 4. Dez. 42

Liebe Eltern!

Den Brief vom 21. Nov. habe ich erhalten. Sind die Paketmarken noch früh genug angekommen, wenn nicht ist es auch egal? Ich habe sie erst so spät bekommen, um diese Zeit war ich ausgerechnet am Hauptverbandsplatz. Es ist ja jetzt fast ganz sicher, daß ich noch im Dez. auf Urlaub fahre, wahrscheinlich so um 18. rum. Es sind von der Komp. blos mehr 14 Mann und die sollen alle in diesem Jahr noch fahren.

Wenn Ihr also mit den Marken nichts mehr anfangen könnt, macht es nichts, die kleinen Päckchen werde ich ja noch kriegen.

Morgen machen wir wieder einmal Stellungswechsel, jedesmal wenn wir mit dem Ausbauen der Bunker und Stellung so ziemlich fertig sind müssen wir wieder weg. Der Schmidbauer hat mir auch geschrieben daß er im Kaukasus ist.

Er rechnet damit daß er im Januar auf Urlaub fahren kann. Bei uns schneit es jetzt fast andauernd und der Wind weht saukalt. Sonst ist bei uns auch alles so ziemlich gleich mir gehts ganz gut und bin gesund.

Viele Grüße von Hartl

am 10. Dez. 1942

Liebe Eltern!

Mit dem Urlaub ist es jetzt vorläufig noch nichts geworden, ich habe wieder die Gelbsucht bekommen. Ich bin jetzt in der Regt. Krankenstube. Wahrscheindlich werde ich hier wieder 3-4 Wochen bleiben müssen. Jedenfalls hat mir unser Spieß gesagt wenn ich wieder gesund bin kann ich sofort in Urlaub fahren. Eigentlich ist solch eine Krankheit gar nicht so schlecht, man spürt nichts und von der Front ist man auch weg. Wir hatten jetzt sowieso eine ganz beschissene Stellung, mitten auf freiem Feld, kein Wasser, kein Holz, überhaupt gar nichts war da.
Ich werde schauen daß ich möglichst lange hier bleiben kann, und hernach[33] dann Urlaub dann geht der Winter schneller vorüber. Wenn man erst mal im Revier gelegen hat, weiß man erst warum sich gewisse Leute hier hinten rumdrücken. Es gibt eine bessere Fresserei und sonst noch allerhand. Wenns andere machen, warum solls ich nicht auch mal etliche Woche machen.

Viele Grüße von Hartl
Auf Wiedersehn!

am 18. Dez. 42

Liebe Eltern!

Seit gestern bin ich jetzt in einem Feldlazarett in Briansk. Es werden jetzt alle Kranken bei denen es länger als 14 Tage dauert von den Verbandsplätzen zurückgeschickt. Diesmal werde ich kaum unter 6-8 Wochen entlassen werden, obwohl es mir sehr gut geht. Es schmeckt das Essen und das ist die Hauptsache.
Es ist aber wieder sehr schlecht mit der Post, Adresse kann ich nicht angeben weil ich doch nicht weiß wie lange ich hier bin. Ich hab der Komp. geschrieben die werden sie mir schon nachschicken. Wenigstens haben wir hier sehr gute Ärtzte, zu denen kann man schon was sagen. Sonst gehts mir ganz gut, nun muß ich halt Weihnachten hier feiern, ich glaube aber hier geht uns doch besser als wenn wir bei der Truppe wären.

Viele Grüße von Hartl
Auf Wiedersehn!

Ich liege jetzt im Lazarett 774 Briansk

---

[33] danach

am 26.XII.42

Liebe Eltern!

Nun ist Weihnachten auch wieder vorbei, ich dachte mir immer in einem Lazarett müßte es doch ganz schön sein. Ich habe mich aber sehr schwer getäuscht, ich wäre viel lieber bei den Kameraden an der Front gewesen. Da wars ja im letzten Jahr noch schöner trotzdem wir da auf dem Rückzug waren. Hier ist es genau so wie überall wenn man ein Stückchen hinter die Front kommt, diejenigen die noch nichts oder sehr wenig gesehen haben, machen Sprüche und haben eine große Schnauze.

Mit Weihnachten ists genau so, was die so für dumme Witze machen und so weiter, von denen die die ganze Zeit im Graben waren hat sich jeder geärgert. Sonst gehts uns hier ganz gut, das Essen ist ja nicht besonders wir kriegen ja blos Diät, da kann man nicht viel mehr verlangen. Die Ärtzte sind ganz prima, denen kennt mans gleich an daß sie schon ziemlich viel mitgemacht haben. Das übrige Personal besteht aus ein paar Rote Kreuz Schwestern und sonst sind alles Russinnen und Russen.

Ich bin blos neugierig wie lange ich hier bleiben muß, ab und zu gehen Lazarettzüge und wenn man Glück hat kann man sogar bis in die Heimat kommen. Kurz nachdem ich hierher gekommen bin ging ein Zug nach Wien. Hoffentlich hab ich Glück und komme auch mal mit so einem Zug mit.

Einstweilen viele Grüße von Hartl
Auf Wiedersehn!

Soldatenfriedhof

Das Kriegsjahr 1943

am 1.I.43

Liebe Eltern!

Ich bin bis jetzt noch immer im gleichen Lazarett in Briansk. Es ist soweit ganz schön hier, nur kriegt man keine Post, ich hab zwar zur Kompanie geschrieben aber es ist sehr ungewiß ob die Post zur rechten Zeit ankommt, oder ob ich schon weg bin. Vielleicht bringt sie ein Urlauber mit her, wenn grad einer fährt. Mir gehts jetzt sehr gut, aber so schnell entlassen die Ärtzte hier einen nicht. Das neueste soll jetzt sein, gleich von hier aus 3 Wochen Erholungsurlaub nach Hause ob das aber schon ganz bestimmt ist, ist noch nicht ganz sicher. Jedenfalls wäre es ganz schön von hier aus in Urlaub zu fahren.

Na ja, wenns damit nichts ist, so gibts auf jeden Fall 3-4 Wochen irgendwo hier in Rußland Erholung. Vor Anfang Februar werde ich kaum zur Truppe zurückkommen. Wenigstens habe ich Hoffnung daß ich 1943 in Urlaub heimkomme.

Einstweilen viele Grüße an Alle von Hartl

Briansk 8.I.43

Liebe Eltern!

Ich bin gestern vom Lazarett zur Krankensammelstelle gekommen, weil sie Platz brauchen. Wie lange ich hier bin weiß ich noch nicht, ich soll in irgend ein Erholungsheim in Rußland kommen. Wenn ich mal an richtigen Ort bin werde ich auch meine Adresse schreiben, jetzt hat es ja gar keinen Sinn wenn Ihr schreibt ich kann ja morgen schon wieder weg sein.

Man hört jetzt soviel daß es vom Erholungsheim aus 4 Wochen Erholungsurlaub geben soll, es wäre ja ganz schön aber ich glaubs erst wenn ich den Urlaubsschein habe. Außerdem erzählen viele daß der Genesungsurlaub nicht als Fronturlaub angerechnet werden soll, schön wärs ja, aber das ist wahrscheindlich blos Gerede. Hier sind die meisten Ärtzte auch Bayern, viele kennen unsere Gegend ziehmlich genau, da haben wir uns ganz gut unterhalten. Mir gehts jetzt wieder ganz gut und kann wieder alles essen.

Viele Grüße von Hartl
Auf Wiedersehn!

am 12.I.43

Liebe Eltern!

Ich bin jetzt im Erholungsheim Onetscha [Unecha] zwischen Briansk und Gomel, ungefähr 80 km von Briansk weg. Hier sind sehr viele Bayern und Österreicher hier. Einer ist dabei aus Wakersberg. Mir gefällts zwar nicht besonders gut da, in Briansk war viel besser. Unter 5-6

Wochen kommt man hier nicht heraus. Hier muß man sich halt immer krank stellen, sonst muß man Wache und Arbeitsdienst machen, das kann ich vorne auch, da brauch ich nicht ins Lazarett gehen. Hoffentliche bekomme ich endlich mal wieder Post, wenn ich 5 Wochen hier bin wird wohl die Post von der Komp. her kommen. Jedenfalls ist der Winter bald rum wenn ich raus komme, dann gleich noch Urlaub dann wirds grad recht.

Ich schicke 2 Päckenmarken mit, Ihr braucht mir aber blos 1 Päckchen schicken, wenn ich grad nicht mehr da sein sollte, damit grad 1 Päckchen weg ist. Heut hab ich keine rechte Freude zum Schreiben drum ist auch der Brief nichts geworden.

Viele Grüße von Hartl
Feldpostn. 14 959 Waldschule

am 17.I.43

Liebe Eltern!

Ich habe mit dem sogenannten Erholungsheim Onetscha habe ich jetzt schon ziemlich schlechte Erfahrungen gemacht. Ich dachte hier könnte man sich wenigstens etwas erholen, aber hier ist das Gegenteil der Fall, viele sind schon wieder krank. Es ist auch kein Wunder man muß Wache stehen in der jetzt ungewohnten Kälte, die ganze Zeit lag man in warmen Stuben und da soll man plötzlich in die Kälte hinaus das kann nicht gut gehen. Ich habe zwar noch nichts mit Wache zu tun, der Artzt hat mir noch Bettruhe verordnet, ich kann mich also langsam wieder dran gewöhnen. Mir gehts ganz gut und ich hoffe daß ich bald wieder aus den Lazaretten raus komme ich hab jetzt … [Brief unvollständig, Seite scheint abgerissen]

am 31.I.43

Liebe Eltern!

Ich bin immer noch im Erholungsheim Unetscha. Es ist jetzt hier auch seit ein paar Tagen jeden Abend Fliegeralarm. Die Russen haben jetzt wahrscheindlich alles eingesetzt um irgendwo durchzukommen. Bei meiner Div. haben sie auch schon mal angegriffen. Ich werde nicht mehr lange hier sein, es wird alles was einigermaßen gesund ist entlassen.

Jetzt hab ich natürlich wieder Pech mit Urlaub, die Sperre wird ja auch mal wieder aufgehoben werden. Sonst gehts mir ganz gut, mit Kriegsende können wir nach der gestrigen Rede von Göring noch ein paar Jahre warten.

Viele Grüße Hartl

am 8.2.43

Liebe Eltern!

Bei uns ist jetzt allerhand los, das Lazarett wird geräumt. Ich komme in ein anderes, lange werde ich wahrscheinlich nicht mehr im Lazarett sein. Die alten Drückeberger hat jetzt der

70

Artzt auch rausgeschmissen. Die Flieger haben in Briansk auch ganz schön gehaust, es war etliche Tage kein Zugverkehr. Seit ein paar Tagen haben wir erst den richtigen Winter, bis jetzt hatten wir fast gar keinen Schnee. Mir gehts wieder ganz gut.

Viele Grüße von Hartl
Auf Wiedersehn

Wien, am 17.II.1943

Liebe Eltern!

Ich war seit 10. Februar auf der Fahrt nach Deutschland und bin heute in Wien angekommen.

Ich habe noch besonders Glück gehabt, Unetscha mußte geräumt werden, ich konnte noch nicht zur Truppe entlassen werden drum wurde ich mit der Bahn weggebracht. Daran hätte ich ja nie gedacht daß ich in die Heimat käme. Von der Fahrt hatte ich nicht viel, es war immer schlechtes Wetter und durch die schönsten Gegenden fuhr ich bei Nacht. Wenigstens kriege ich dann Urlaub wenn ich entlassen werde zum Ersatzhaufen.

Wie lange ich hier sein muß weiß ich noch nicht. Es geht mir sonst ganz gut, es ist einem nur noch alles etwas ungewohnt.

Viele Grüße von Hartl
Auf Wiedersehn

Meine Adresse Reservelaz. XXIII G
Wien 18 Klostergasse 25

Wien, am 22.II.43

Liebe Eltern!

Den Brief vom 19. habe ich heute erhalten. Ich habe seit Anfang Dezember keine Post mehr bekommen. Hier in Wien gehts mir sehr gut und das Essen ist auch prima, gesundheitlich fehlt mir auch nichts mehr. Voraussichtlich werde ich in 3 Wochen entlassen. Die Ärtzte sind auch sehr gut, es sind schon ältere Herren. Bis jetzt haben uns noch in jedem Lazarett die Geistlichen besucht, sie kamen alle 8 Tage mal. Mit Fliegern ist in Wien nicht viel los. Sie sollen erst 5-6 mal seit Anfang des Krieges dagewesen sein.

Viele Grüße von Hartl

Wien, den 24.II.43

Liebe Eltern!

Das Päckchen habe ich gestern erhalten. Ihr braucht mir nicht unbedingt was schicken, es gibt genug zu essen. In nächster Zeit bekommt Ihr die Marken für das Führerpaket, wir bekommen nämlich Marken. Wir mußten einen Antrag nach Berlin schicken und von dort kommen die Marken direkt an die Heimatadresse.

Gestern hat uns einer aufgeklärt über den Urlaub, wie mans machen soll damit man möglichst viel rausschlagen kann. Mit dem Ausgehen hier ist es beschissen, erstens muß man ohne Koppel raus, dann haben wir lauter schlechte Klamotten und wenn man trotzdem mal raus will dann hat man bestimmt Brandwache oder sonst was.

Sonst gehts mir ganz gut.

Die besten Grüße Hartl

Wien, am 26.II.43

Liebe Eltern!

Heute habe ich Euer Päckchen erhalten, es ist eigentlich gar nicht notwendig daß Ihr was schickt. Es gibt hier soviel daß ich es gar nicht alles essen kann. Es ist jetzt immer herrliches Wetter, in den nächsten Tagen werde ich auch mal rausgehen. Man kann in Theater oder so weiter gehen, die Karten kriegen wir vom Lazarett. Mir gehts sehr gut und bin auch wieder gesund. Heute habe ich einen Brief vom Winkler Sepp aus Innsbruck bekommen, leider hat er vergessen seine Adresse hineinzuschreiben, schreibt Ihr sie mir mal. Davon habe ich noch gar nichts gewußt, daß er in Afrika war. Wo ist denn der Berger Franzl, von dem habe ich auch schon lange nichts mehr gehört?

Die besten Grüße Hartl

Wien, den 28.II.43

Liebe Eltern!

Heute habe ich den Brief vom 26. erhalten. Gestern war ich im Wiener Prater, es war ganz schön. Von der Stube waren auch drei mitgegangen, wir haben alles mögliche probiert. Mit dem Riesenrad sind wir gefahren, dann waren da noch alle möglichen Bahnen u.s.w. Es ist so wie ein Jahrmarkt. Die Schießbuden waren die größte Gaudi. Besuchen braucht Ihr mich nicht, in ein paar Wochen komme ich ja sowieso heim.

Die besten Grüße Hartl

Wien, am 7.III.43

Liebe Eltern!

Den Brief vom 3.III. habe ich erhalten, ich habe den beiden dem Winkler Sepp und Berger Franz gleich geschrieben. Der Franzl hat Glück gehabt daß er grad zur richtigen Zeit in Urlaub war.

Mit unserem Transport sind ziemlich viele aus Stalingrad dabei gewesen. Ein Aufklärungsflieger hat uns erzählt daß nur die Italiener die meiste Schuld daran hätten. Er war öfter mit Italienern und Ungarn beisammen, es sind keine schlechten Soldaten aber der Fehler ist, erzählte er, daß die immer selbständige Abschnitte bekommen, wenn sie mehr aufgeteilt würden wäre es kaum so schlimm geworden. Wie Ihr ja selbst wissen werdet sind alle Italiener von der Ostfront weg. Wenn man hier in Wien so ausgeht, sieht man alle möglichen Uniformen, die meisten kennt man gar nicht. Auch sonst sind fast alles Ausländer, man kann hingehen wo man will überall sind sie, sehr viele sind Russen, die sind uns schon besser bekannt.

Vorgestern wurde vom Lazarett aus eine Rundfahrt durch Wien veranstaltet, es war eine Führerin dabei die uns alles erklärte. Dabei haben wir das Schloß Schönbrunn besichtigt, es ist sehr schön, leider hat es dann geregnet drum war der Rest der Fahrt nicht mehr so schön. Es gäbe ja hier so viel zum anschauen, aber dazu ist die Zeit zu kurz, wir dürfen erst um 2 Uhr nachmittags raus bis 7 Uhr abends. Dabei muß man erst eine Stunde und länger mit der Straßenbahn fahren.

Mir gehts ganz gut und in ein paar Wochen denke ich daß ich entlassen werde, jetzt muß ich nur sehen so viel Urlaub wie möglich herauszuschlagen. Das Blöde ist jetzt nur daß ich momentan nicht weiß wo mein Ersatzhaufen liegt, ich habe zwar schon bei der Frontleitstelle angefragt aber bis heute habe ich noch keine Auskunft. Durchschnittlich gibts hier 4 Wochen Genesungsurlaub, ich kriege aber auch noch Erholungsurlaub, mein letzter war ja im August 41.

Nun die besten Grüße von Hartl

Semmering, am 10.III.43

Liebe Eltern!

Mein Urlaub hat sich mal wieder verschoben, ich bin jetzt nach Semmering verlegt worden. Soviel ich bis jetzt erfahren habe soll es hier 4 Wochen dauern. Hier ist es sehr schön, nur ist schon zuviel Militär hier oben, es sind ja fast alle Hotels in Lazarette umgestaltet worden. Stellenweise könnte man sogar noch Schie fahren. Ausgehen dürfen wir hier nur von 2-5 Uhr, da kann man nicht viel unternehmen. Mir gehts ganz gut und bin auch gesund.

Die besten Grüße von Hartl

Gef. März, Res.Laz. B Hotel Erzherzog Johann Semmering

Semmering, 18.III.43

Liebe Eltern!

Euren Brief vom 15.III. erhalten. Von mir aus könnte ich hier wieder wegkommen, es ist ja ganz schön, aber in Wien hats mir doch viel besser gefallen. Was es zum sehen gibt habe ich alles angeschaut und die Berge die man in einem halben Tag besteigen kann. In Wien hätte man doch ab und zu ins Kino gehen können. Jedenfalls ist es viel besser hier als irgendwo in Rußland stecken, wenigstens haben wir hier Radio.

Einesteils ist es auch wieder gut daß ich hierher gekommen bin, so prima Essen wie hier gabs bis jetzt noch nirgends wo ich war. Heute ists mit ausgehen auch nicht viel los, es ist saukalt. Vorgestern hat jeder eine Flasche Wein bekommen und morgen solls wieder eine geben. Die N.S.V. kommt auch jede Woche einmal, die bringen auch immer was, meistens 1/4 l Schnaps, Keks und Zigaretten. Wenn man das so sieht was die alles noch haben muß man sich nur wundern wo das alles so herkommt.

Die besten Grüße Hartl

Semmering, 28.III.43

Liebe Eltern!

Euren Brief vom 25. habe ich erhalten. Die längste Zeit werde ich nun wohl hier gewesen sein, ich denke daß ich noch so 1-2 Wochen hier bin. Gestern hatten wir Regen, es tat auch not. Heute ist es wieder sehr schön. In die Kirche kann man anstandslos gehen, vormittags darf man sonst nicht hinaus nur wenn man in die Kirche oder zum Zahnartzt geht.

Die besten Grüße Hartl

Semmering, 2.IV.43

Liebe Eltern!

Euren Brief und gleichzeitig einen von Karl erhalten. Ich war ganz überrascht, erst wußte ich gar nicht wer den geschrieben hatte. Scheinbar gehts Ihm nicht schlecht, wenigstens hat er mir so geschrieben. Bei uns ist es wieder Winter geworden, seit gestern schneit es andauernd es liegt bald 20 cm Schnee. Sonst ist hier weiter nichts los, mir gehts gut und das ist die Hauptsache.

Die besten Grüße Hartl
Auf Wiedersehn!

Semmering, 8.IV.43

Liebe Eltern u. Geschwister!

Den Brief vom 5. habe ich erhalten. Ich werde sehr wahrscheindlich am Mittwoch den 14. heimkommen, das heißt wenn Alles klappt. Wir haben einen neuen Artzt bekommen, der hat gleich 50 Mann entlassen. Einige sind ja schon 1 Jahr, andere 6-8 Monate hier gewesen die dürfen auch mal wieder was anders machen.

Die besten Grüße Hartl

den 17. Mai 43

Liebe Eltern!

Ich bin gestern gut nach Berlin gekommen, nur ist diesmal auch gleich Fliegeralarm gewesen. Er hat diesmal blos 50 Minuten gedauert. Mir gefällts hier zwar gar nicht, aber es ist halt dagegen nichts zu machen, es wird schon wieder vorbei gehen. Heute mache ich zwar noch nichts weil ich erst die Sachen empfangen muß. Von dem Gesuch ist bis heute noch nichts los, aber ich hoffe doch daß es bald kommen wird. Der Dienst soll nicht sehr schlimm sein erzählen die anderen welche schon länger hier sind. Recht lange bleibt ja sowieso keiner hier. Es ist halt da genau so wie überall, jeder wartet auf das Kriegsende. Sonst geht mir gut und ich hoffe daß ich bald wieder heimfahren kann. Es graußt jeden der wieder in 1 die Kaserne kommt.

Einstweilen viele Grüße Hartl

Absender: Gefr. März, Inf.Pz.Jäg.Ers.Komp. 218 Berlin Spandau

Spandau, 19.V.43

Liebe Eltern!

Soeben habe ich erfahren daß ich morgen früh feldmarschmäßig ausgerüstet nach Kroßen muß. Von dort gehts sehr wahrscheinlich gleich weiter. Es ist nun also mit Urlaub nichts mehr geworden. Hoffentlich darf dann doch der Sepp daheim bleiben. Voraussichtlich komme ich wieder zu dem alten Haufen. Sonst gehts mir ganz gut und das hätte ich nicht gedacht daß ich so schnell weg komme.

Nun viele Grüße Hartl
Auf Wiedersehn

Großen, den 21.V.43

Liebe Eltern u. Geschwister!

Gestern abends kam ich nach Großen a.d. Oder. Sehr wahrscheinlich gehts heute schon wieder weiter in Richtung Rußland. Wir sind ungefähr 20 Mann die zu der 293. Div. wieder kommen. Es war eigentlich ganz gut daß ich den Koffer dabei hatte, ich habe nämlich für 6 Tage Marschverpflegung mitgekriegt. Ich war der einzige der von Spandau abgestellt wurde, weil alle wieder zu ihrem alten Haufen kommen.

In Berlin ist es auch gar nichts mehr, dauernd ist Fliegeralarm. Als ich gestern mittags wegfuhr wurde grad Alarm gegeben. Wenn die auf der Kreisbauernschaft nicht so lange gebraucht hätten, könnte ich schon wieder Urlaub haben, so ist er aber ins Wasser gefallen. Als der Schreiber gehört hat daß ich wegkomme, gings ihm mehr im Kopf rum als mir selber. Er hatte immer noch gehofft, daß das Schreiben doch noch ankommen könnte, aber er hat umsonst gehofft. Er meinte noch vielleicht läßt sichs machen und will es nachschicken, aber das hat wahrscheinlich auch keinen Sinn, wenn man wieder draußen ist kommt man nicht leicht weg. Ihr müßt halt schauen daß der Sepp daheim bleiben darf er versäumt ja doch nichts mehr und dazu daß der Krieg schneller aus wird kann er auch nichts machen.

Mir gehts soweit ganz gut und nun warte ich halt wieder bis es mal wieder Urlaub gibt oder noch lieber wäre mir wenn der Krieg aus würde. Man kann hinkommen wo man will überall das selbe, wenns nur gar[34] würde, ganz gleich wies ausgeht.

Nun die besten Grüße Hartl
Viele Grüße auch an alle Urlauber die noch da sind.
Auf Wiedersehn!

Wenn ich mal meine Adresse habe dann schreibt mir die Adressen vom Karl, Winkler Sepp, Berger Franzl und den anderen.

den 22.V.43

Liebe Eltern u. Geschwister!

Ich bin jetzt eben in Wolkowisk angekommen. Ich will nun gleich schreiben was ich noch gebrauchen könnte. Schickt mir mal eine Karte von Rußland, dann bräuchte ich noch eine Seifendose wenn es eine gibt. Es wird wohl noch etliche Tage dauern bis ich bei der Komp. bin. Voraussichtlich gehts von hier erst heute abends weiter. Mir gehts ganz gut und ich hoffe daß es immer so bleibt. Vergeßt nicht mir die Adressen zu schreiben vom Karl und den anderen.

Die besten Grüße Hartl

Gefr. März F.P.N. 17200

---

[34] zu Ende gehen

den 27.V.43

Liebe Eltern u. Geschwister!

Heute bin ich nun bei mei[n]er alten Komp. angekommen. Die Russen haben mich mich gleich anständig empfangen mit Arifeuer. Bis man da von der Bahnstation bis hierher kommt, es sind ungefähr 30 km, dauerts eine ganz schöne Zeit. Ich habe dazu 2 Tage gebraucht, laufen will man dann auch nicht und bis mal ein Fahrzeug kommt geht ganz schöne lange her.

Ich habe so allerhand Sachen daheimlassen, brauchen täte ich die Butterdose, ein Handtuch, die ich bekommen habe taugen ja nichts man kann sich nicht richtig abtrocknen. Dann vielleicht ein bisschen Salz. Briefumschläge kann ich auch gebrauchen, so nach und nach fällt es mir schon ein was noch abgeht. Die Abstellung kam etwas zu plötzlich da denkt man nicht gleich an Alles. Die Fahrt hier raus war ja ganz schön, es hat uns ein Oberleutnant abgeholt, das war ein prima Kerl. In Wolkowysk sind wir ins Soldatenheim gegangen, da sind wir nämlich einen Tag geblieben weil die Züge so überfüllt waren. Da gab es noch Bier und etliche hatten noch Marken dabei, da bekamen wir noch was zu essen. Wir hatten da ganz schön gesoffen, jeder so 3-4 Maß einzelne hatten es dann schon gespürt. Und schickt mir dann mal eine Rußlandkarte, vergeßt auch die Adressen nicht von den Anderen. Hier ist es soweit ruhig, ein wenig was rührt sich ja immer. Im allgemeinen ist die Lage gespannt es wird was erwartet, vielleicht wird der Krieg aus?

Die besten Grüße Hartl Auf Wiedersehn!

Eben fällt mir ein daß ich einen Löffel brauche, den ich bekommen habe ist ein Glump[35] er rostet sofort an und wird schwarz.

den 30.V.43

Liebe Eltern u. Geschwister!

Ich bin nun schon wieder 4 Tage bei der Komp. und habe mich ganz gut eingelebt. Diesmal bin ich wieder bei der 5 cm Pak, schließlich ist es ganz gleich wo man ist. Wenigstens bin ich in einen sehr guten Bunker gekommen und die meiste Arbeit ist auch schon gemacht. Es ist auch ein ziemlich günstiger Platz wo wir sind, die Geschosse gehen immer drüber weg. Mit dem Wetter hab ich bis jetzt nicht viel Glück gehabt, es waren seitdem ich von Spandau weg bin, höchstens 2 Tage schönes Wetter.

Die Verpflegung ist hier noch ganz gut, verschiedene von den Jüngeren bekommen noch extra Zulagen. Alle 14 Tage eine Büchse Fleisch und alle 8 Tage 1 Brot. Die Landschaft geht hier auch einigermaßen, blos Wald ist keiner in der Nähe. Wie geht's jetzt bei Euch daheim, ist der Sepp noch immer da? Bei uns heißts immer der Krieg dauert wenigstens noch 2 Jahre, ich glaubs ja nicht. Mir gehts ganz gut und ich hoffe daß es weiter so bleibt.

Die besten Grüße Hartl

Schickt mir mal einen Tintenbleistift und eine Rotstift.

---

[35] hier: Schrott, keine gute Qualität

den 7.VI.43

Liebe Eltern u. Geschwister!

Bis heute habe ich noch keine Post von Euch erhalten, hoffentlich dauerts nicht mehr lange. Es kommt jetzt fast jeden Tage welche und es ist doch immer schön wenn etwas dabei ist. Zurzeit ist es ja hier auch ganz schön, was man halt schön nennen kann in Rußland. Arbeit haben wir fast gar keine mehr, außerdem es findet mal wieder ein Umzug statt. Gewöhnlich ist es ja bei uns so Mode, wenn irgendwo fertiggebaut ist wandern wir wieder. Einige Geschütze sollen schon Befehl haben zum Stellungswechsel, es kann aber kommen was will, so leicht sind wir nicht aus der Ruhe zu bringen.

Der Russe ist jetzt auch verhältnismäßig ruhig, höchsten schießt er ab und zu ein wenig Störungsfeuer, aber dafür anständige Brocken. Seine Flieger sind dafür fast immer in der Luft, das ist für uns aber von Vorteil. Es besteht ein Befehl wenn Flieger in der Nähe sind hat Alles in die Bunker zu verschwinden. Hin und wieder gibt es Luftkämpfe wenn die Unseren auch grad unterwegs sind. Zu Abschüssen kommt es fast überhaupt nie, eine Partei reißt meistens aus.

Ich habe von einem Kameraden ein Rezept zur Verbesserung des selbstgebauten Tabaks bekommen. Wir kamen mal dadrauf zu sprechen über Tabakbauen und da sagte er sie haben es probiert, er soll ausgezeichnet schmecken. Ihr müßt es halt mal selbst ausprobieren welches das Beste ist. Mir geht es zurzeit noch sehr gut, was ich auch von Euch hoffe und denke daß es auch weiterhin so bleiben wird. Bei meinem Federhalter ist die Feder kapput, vieleicht könnt Ihr irgendwo eine gewöhnliche Füllhalterfeder kriegen.

Nun die besten Grüße Hartl
Auf Wiedersehn!

Wie lange dauert bei Euch der Krieg noch? Bei uns noch mindestens 2 Jahre, wir wollen erst nächstes Jahr wieder angreifen!?

den 9.VI.43

Liebe Eltern u. Geschwister!

Gestern habe ich den Brief vom 27.V. mit den Formblättern erhalten. Es hat ja ziemlich lange gedauert bis ich die Frontzulage bekommen habe. Ich habe schon gar nicht mehr dran geglaubt. Bei uns ist jetzt seit einigen Tagen Regenwetter. Heute sind wir mal wieder ganz schön naß geworden, es war nämlich wieder Impfung. Ausgerechnet hats da natürlich anständig geregnet. Wenigstens konnten wir trockene Sachen anziehen, da wars nicht so schlimm. Der Schmidbauer hat mir nichtmehr geschrieben, wer weiß wo der jetzt grad ist. Mir hat er das letzt mal geschrieben daß er im Urlaub zu Euch kommen will. Vorläufig schaut mit Fronturlaub gar nichts her, vielleicht wirds bis dahin anders, es ändert sich manchmal allerhand in kurzer Zeit.

Nun die besten Grüße Hartl

[Seitlich stehend] Zwei Päckchenmarken habe ich wieder bekommen. Mir braucht Ihr nicht allzuviel schicken, ich komme mit meinem Essen schon aus. Hin und wieder kann ein Päkchen ja nicht schaden.

den 11.VI.43

Liebe Eltern u. Geschwister!

Das Päckchen vom 28. habe ich erhalten. Bei uns war gestern der Chef da, er kümmert sich um Alles. Er brachte ein Brot mit für die Hungrigsten wie er sagte. Auch frug er was wir zu Pfingsten zu Essen haben wollen. Wir kochen uns jetzt öfter Kartoffelbrei und Spinat. Der Spinat entsteht aus Ochsenrollen, ich weiß nicht, ob Ihr die kennt. Jedenfalls schmeckts sehr gut.

Nun die besten Grüße Hartl
Auf Wiedersehn!

den 15.6.43

Liebe Eltern u. Geschwister!

Das Päckchen N 2 habe ich heute erhalten und den Luftfeldpostbrief vom 9. Juni. Bis jetzt weiß ich noch nichts von dem Gesuch, ich glaube kaum daß es noch was wird, die Leute sind hier sowieso schon zuwenig und jetzt überhaupt. Mir gehts noch immer ganz gut und bin auch gesund. Sonst ist es auch ziemlich ruhig jetzt. Uns interessiert nur noch das Kriegsende.

Die besten Grüße Hartl
Auf Wiedersehn!

den 21.VI.43

Liebe Eltern u. Geschwister!

Mit dem Gesuch ist es jetzt doch so, wie ich mir schon gedacht habe, es hat keinen Zweck. Vorgestern war ich bei der Komp. ich war nämlich im Varite in Ulianowo, da sagte es mir der Spieß. Er sagte es nützt nichts wenn eine Eingabe gemacht wird. Heute hatte ich den letzten Posten von 1/2 2 - 1/2 3 Uhr, da war es wieder sehr interessant. Die Russen haben herüber geschrien und die unsern hinüber. Meistens heißts immer "Achtung, Achtung, deutsche Soldaten hören sie, die zweite Front kommt", und ähnliches.
Sonst ist es in unserm Abschnitt ziemlich ruhig, auch das Wetter ist sehr schön, wir können uns die meiste Zeit im Freien aufhalten. Die Verpflegung reicht uns auch leicht, es hat jeder von uns 2 Brote eingespart. Ich lege 4 Luftpostmarken bei.

Die besten Grüße von Hartl

79

den 22.6.43

Liebe Eltern!

Ich schicke heute ein Päkchen mit Bohnenkaffee, Tabak z. Ziggarren, hoffentlich kommts gut an. Das Säckchen in dem der Kaffee ist schickt mir dann wieder, es gibt jetzt öfters welchen. Sonst gehts mir sehr gut und bin gesund. Hoffentlich dauert der Krieg nicht mehr lange.

Viele Grüße von Hartl
Auf Wiedersehn!

Sind die Bilder vom Urlaub noch nicht fertig?

den 26.6.43

Liebe Eltern u. Geschwister!

Das Päckchen No. 3 habe ich bekommen. Bei diesem und dem vorletzten sind die Marken nicht abgestempelt worden, nun schicke ich sie eben wieder mit. Bei uns ist jetzt irgend etwas im Gange, was es ist weiß von uns noch niemand. Es müssen jetzt innerhalb 14 Tage sämtliche Leute an der 5 cm und 7,5 cm Pak ausgebildet werden. Die 7,5 heißt auch nicht mehr schwere Pak, sondern gehört auch zu der mittleren. Voraussichtlich werden wir in nächster Zeit nur noch mit mittlerer Pak ausgerüstet. Ob wir allerdings noch schwere dazu kriegen, das wäre 8,8 und 10 cm, glaube ich kaum.

Auch sonst ist allerhand los, bald jeden Tag kommt ein Schwung Offiziere, von den Einheiten die hinter uns liegen um sich die Gegend zu betrachten. Hin und wieder greift auch der Russe zur Abwechslung wieder an, langweilig kanns uns also nicht werden. Die Herrn Zugführer und so weiter sitzen einem dauernd auf dem Pelz, damit man ja keine ruhige Minute hat. Bei Nacht kommen sie dann mal wieder mit Probealarm, da kann es ihnen dann nicht schnell genug gehen bis die Kanone feuerbereit ist.

Wenn aber wirklich mal was los ist, da kriegt man keinen zu sehen, es ist auch ganz gut. Sonst leben wir hier so angenehm wie möglich, wenns nicht grad regnet, wie heute mal wieder, ist es schon zum Aushalten. Mit der Zeit gewöhnt man alles, da kann kommen was will. Wie lange dauerts denn noch bis die Amerikaner in Italien einmarschieren? Bei uns heißts schon wir müssen dann die Italiener auch mit rausschmeißen. Vielleicht wären wir weiter wenn wir die Italiener nicht mitzuschleppen hätten. Schickt mal wieder etliche Briefumschläge mit.

Die besten Grüße Hartl

Wie gehts dem Sepp als Hitlerjugendführer? Wie lange wird er noch daheim sein?

80

den 6.7.43

Liebe Eltern u. Geschwister!

Nun komme ich endlich mal wieder dazu Euch zu schreiben. In der Zwischenzeit haben wir mal wieder einen Umzug gemacht wie schon so oft. Wenigstens ist es das Erste mal daß wir uns nicht verschlechtert haben. Es ist alles fast fertig ausgebaut, nur ist es sehr naß, trotzdem wir auf einer Höhe liegen. In unserm Bunker gehts noch, wir müssen blos alle Tage das Wasserloch ausschöpfen, wenigstens brauchen wir nicht weit um Wasser zu laufen. In verschiedenen Bunkern haben sie Pumpen, die müssen mindestens alle Stunden auspumpen.

Sonst ist es hier soweit ganz schön, die Aussicht ist prima, man kann ungefähr 20 km ins feindliche Hinterland schauen und fast eben so weit bei uns. Zurzeit ist es sehr ruhig, nur hin und wieder macht der Iwan einen kleinen Feuerzauber.

Gestern abends hat er etliche Salven mit der Stalinorgel, in der Zeitung heißts Salvengeschütz, rübergeschossen. Er schoß etliche km hinter uns in den Wald, wir konnten die Geschoße fliegen sehen. Mit diesen verdammten Dingern streut er eine Breite von ungefähr 1 km ab, es sind immerhin 15-20 Geschoße die auf einmal angerauscht kommen. Solange er nicht auf uns schießt ist es ganz interessant zum zusehen. Wir hatten auch diesmal, wies bei uns so üblich ist Regenwetter beim Umzug und leider hat es sich immer noch nicht gebessert. Was schreibt den der Karl, ich habe von ihm immer noch keine Post, obwohls schon 4 Wochen her ist daß ich geschrieben habe. Wie gehts sonst bei Euch so in der Heimat?

Mir gehts ganz gut und hoffentlich wird der Krieg endlich mal aus.

Herzliche Grüße Hartl
Auf Wiedersehn!

den 19.7.43

Liebe Eltern u. Geschwister!

Endlich komme ich nun dazu ein paar Zeilen zu schreiben. Heute vor 8 Tagen ging die Scheiße los. Wenigstens gehts mir einigermaßen gut und es gibt auch wieder was zu essen, 5 Tage haben wir nichts gekriegt und auch nicht geschlafen. Sowas habe ich noch nie gesehen, ein solches Trommelfeuer, man möchte glauben es kann keiner mehr leben.

Im Augenblick befinden wir uns bei Bolchow als Reserve. Wir haben fast alles hintenlassen müssen ich habe auch nichts mehr gerettet. Ihr könnt nun schon langsam schauen um Rasieraparat und so weiter. Wenn wir mal endgültig heraus sind schreibe ich schon was ich alles brauche, verschiedenes kann ich vielleicht noch hier erhalten. Wenigstens sind wir aus der größten Scheiße raus, hoffentlich klappt jetzt auch noch Alles. Das hätte ein zweites Stalingrad werden können.

Die besten Grüße Hartl
Auf Wiedersehn!

den 26.7.43

Liebe Eltern u. Geschwister!

Heute komme ich endlich mal wieder zum Schreiben. Wir befinden uns nun seit gestern abends in Orel und werden hier neu zusammengestellt. Es sind von dem ganzen Regt. 512 nicht mehr viel übriggeblieben, höchstens noch 200 Mann. Von der 14. sind hier 41 Mann, wir werden ja sehen ob wir wieder Kanonen kriegen, unsere mußten gesprengt werden. Auch sonst haben wir nicht mehr viel mitnehmen können, die Hauptsache war so schnell wie möglich weg. Bolchow haben wir auch noch 2 Tage verteidigt, bis uns neue Truppen abgelöst haben. Da hatten wir erst die meisten Verluste.

Vorläufig braucht Ihr mir nichts schicken, ich weiß noch nicht was noch wird, haben tue ich überhaupt nichts mehr, kein Rasierzug, Waschzeug, Schuhputzzeug u.s.w. Das ist ja Alles nicht so wichtig, Hauptsache man ist gut durchgekommen. Manchmal haben wir den Mut schon verloren gehabt, jetzt ists aus dachten wir, aber es doch wieder gut. Mir gehts nun wieder ganz gut und ich hoffe daß es weiter so bleibt. Das Päkchen N. 6 habe ich auch bekommen.

Nun viele Grüße von Hartl
Auf Wiedersehn!

den 27.7.43

Liebe Eltern u. Geschwister!

Wir befinden uns noch immer in Orel und wurden wieder neu zusammengestellt. An Waffen haben wir wieder Alles, nur die Pakgeschütze fehlen noch, vorläufig haben wir zwei russische 4,5 cm. Wir hoffen jedoch stark daß wir wieder schwere Pak bekommen, voraussichtlich wieder motorisiert. Heute hielt der General eine Ansprache, er meinte etliche Tage werden wir wohl noch hier liegen bleiben.

In Orel ist jetzt sehr starker Betrieb, die Stadt selbst ist fast vollständig geräumt, es sind auch die Brücken schon vorbereitet zum Sprengen. Jetzt erfährt man erst wer alles nicht mehr dabei ist, es fehlen ziemlich viele, Gottseidank sind sehr viele nur verwundet. Wir waren schon öfters soweit daß man eine leichte Verwundung gewünscht hat, die sind wieder für eine Weile aus der Scheiße, welche etwas abgekriegt haben.

Die Stimmung ist bei uns nicht mehr weit her, anfangs dachten wir schon man hat uns aufgegeben, keine Munition, keine deutschen Flieger, keine Panzer, ringsum nur Russen. Als uns dann ein paar Sturmgeschütze rausholten, kam wieder etwas mehr Mut.

Viele Grüße Hartl

Foto einer gesprengten Brücke, das der Briefsammlung beilag. Ob es sich um die erwähnte und zur Sprengung vorbereitete Brücke handelt, ist nicht bekannt.

den 31.7.43

Liebe Eltern u. Geschwister!

Ich will mal wieder ein paar Zeilen schreiben, wer weiß wanns wieder Gelegenheit gibt. Wir befinden uns schon wieder 3 Tage im Einsatz, diesmal haben wir angegriffen und 2 Dörfer geholt. Der Russe saß schon 8 km vor Karatschew und wollte die Verbindung mit Orel abschneiden. Wir sind mit der Div. "Großdeutschland" vorgegangen, da macht es mehr Spaß, es ist alles da an neuen Waffen. Außerdem ist jetzt auch die Luftwaffe sehr stark vertreten.

Gestern und heute bombardierten die Flieger den ganzen Tag. Augenblicklich sind wir mitten in einem riesigen Wald und dazu noch fast alles Sumpf. Die genaue Lage der Front ist nicht bekannt, allem Anschein nach muß der Russe in einem Kessel sitzten, bei Nacht sieht man es sehr gut. Der Russe ist zurzeit sehr ruhig, er schießt nur hin und wieder mit dem Granatwerfer ins Dorf, das gute ist daß er keine Arie da hat.

Mir gehts nun wieder einigermaßen gut und hoffe daß es weiter so bleibt. Mit dem Wetter haben wir wie gewöhnlich Pech, es ist immer schlechtes Wetter wenn wir auf dem Marsch sind. Wir sinds nun schon gewöhnt dauernd naß zu sein, es gibt dann vielleicht mal wieder Gelbsucht oder eine andere Krankheit, sowas wird Allgemein gewünscht. Wir haben noch Hoffnung doch noch mal hier raus zu kommen, wir haben fast keine Ausrüstung und es kommt auch nichts heran.

Vorläufig ists besser wenn Ihr nichts schickt, es ist noch Alles sehr ungewiß was mit uns wird.

Herzliche Grüße Hartl

den 3.8.43

Liebe Eltern u. Geschwister!

Heute ist es noch vorläufig einigermaßen ruhig, drum kann ich mal wieder ein paar Zeilen schreiben. In den letzten paar Tagen war hier wieder allerhand los. Nun habe ich auch meinen ersten anständigen Panzerangriff mitgemacht, es war am 1.8. vormittags. Erst kamen 8 T34 an, sie fuhren durchs Dorf durch, es war unser Glück daß es sehr sumpfig ist und haben sich festgefahren.

Nachmittags kam nochmal ein Schwung mit aufgesessener Infanterie, die Infanterie wurde im Gegenstoß vernichtet oder gefangen und im ganzen 18 Panzer erledigt. So einen Panzer im Nahkampf vernichten ist gar nicht so schlimm, wenn man die Mittel dazu hat. Wenigstens sind jetzt Sturmgeschütze und was die Hauptsache ist ziemlich viel Artillerie hier.

Sonst gehts mir wieder einigermaßen gut, ich habe mich schon wieder allerhand Klamotten organisiert, es liegt ja sehr viel umher. Ich habe nun wieder Wasch- und Rasierzeug, auch 1 Decke. Das einzige ist wir wissen überhaupt nicht was eigentlich los ist, wie die Front verläuft u.s.w. Nachts sieht mans ja einigermaßen an den aufsteigenden Leuchtkugeln, am Tage sieht mans an den Fliegern wo diese die Bomben abladen. Wir haben auch schon Bekanntschaft mit unsern Fliegern gemacht, sie haben schon Bomben auf uns geworfen. Wir saßen grad vor unserm Haus, plötzlich rauschte es und schon schlugen sie ein, der nächste Einschlag war blos 15 m weg.

Hoffentlich gehts weiter gut und nun herzliche Grüße Hartl.

Wo ist denn eigentlich Karl, ich habe noch keine Post von ihm.

Auf Wiedersehn!

Zerstörter sowjetischer Panzer – aufgrund des Auspuffs vermute ich, dass es sich um einen T-26 handelt

den 6.8.43

Liebe Eltern und Geschwister!

Den Luftpostbrief vom 29. habe ich bekommen. Bei uns ist noch alles so ziemlich beim Alten. In etlichen Tagen werden wir weiter zurückgehen, es wird nähmlich der ganze vorspringende Orelbogen aufgegeben. Orel selbst ist gestern geräumt worden.

Unser General hat uns wieder mal versprochen wenn das alles vorbei ist kommen wir entgültig raus. Seit jetzt unsere Panzer vom Typ Panther da sind macht der Russe nichts mehr. Wie Ihr schreibt daß der Jahrgang 25 auch einrücken hat müssen, wirds wohl den Sepp auch bald erwischen. Er soll nur alles versuchen daß er nicht zur Infanterie kommt, alles andere ist besser. Ich habe ja gesehen wie es ist, wir waren auch schon als Infanterie eingesetzt. Jetzt könnt Ihr auch ab und zu mal wieder ein Päckchen schicken.

Nun herzliche Grüße Hartl

den 11.8.43

Liebe Eltern u. Geschwister!

Den Luftpostbrief vom 2. habe ich erhalten, auch das Päckchen No. 7 ist gut angekommen. Wir warten von einer Nacht zur andern auf den Befehl uns weiter abzusetzen, es soll noch 20 km zurückgehen, nichts genaues weis man allerdings nicht. Jetzt merkt man erst bei dem Warten, wie weit wir mit den Nerven herunter sind. Es ist blos gut daß der Russe wegen dem Sumpf sehr schwer Ari nachziehen kann. Wenn wir starkes Arifeuer kriegen ist unser Haufen nicht mehr zu halten.

Panzer und Infanterie ist halb so schlimm, wir haben gesehen wie schlecht man vom Panzer aus zu sehen ist. Allerdings war sehr viel daran schuld daß die Besatzungen sehr schlecht ausgebildet waren. Es waren Burschen von 16 Jahren dabei, die erzählten sie wurden einfach hineingesetzt und losgeschickt. Sonst ist es verhältnismäßig ruhig, hoffentlich können wir in einer der nächsten Nächte abhauen. Die Truppen welche von Orel zurückkommen sind nicht mehr weit ab, man siehts sehr schön bei Nacht.

Von unsern Fliegern sieht man zur Zeit sehr wenig, die haben nun auch die Flugplätze zurückverlegt und haben wieder weiter bis hierher. Wenigstens ist die Flak ganz gut, die schießen sehr viele Flieger ab, es steht aber auch allerhand hinten in der neuen Stellung. Uns wird erzählt diese Lienie ist schon besetzt, wir sollen noch den Rückmarsch von Orel her sichern, dann werden wir abgelöst, hoffen wir das Beste.

Herzliche Grüße Hartl
Auf Wiedersehn!

den 18.8.43

Liebe Eltern u. Geschwister!

Endlich hatten wir das Glück und sind nun raus gekommen. Augenblicklich befinden wir uns in Briansk. Was nun eigentlich weiter los ist mit uns ist noch nicht bekannt. In den letzten Tagen war noch allerhand los, nun haben wir Gottseidank etwas Ruhe. Vorgestern Nacht haben wir uns aus den Stellungen gelöst und sind dann die ganze Nacht marschiert ungefähr 30 km, nur immer durch Urwald und Sumpf.

Es war auch ganz gut daß man nur auf dem Wege vorwärts kommen konnte, sonst hätten uns die Russen eventuell noch einkassirt weil rechts und links schon alles zurückgegangen war. Jedenfalls sind wir in den letzten Tagen noch ganz schön zusammengeschmolzen, unsere Kampfstärke ist noch 23 Mann gewesen. Sonst gehts mir noch immer ganz gut und bin auch noch gesund, trotzdem man manchmal denkt es ist nicht zum Aushalten man muß krank werden. Wir hoffen nun Alle daß wir irgendwo ins Wartheland oder sonstwo hinkommen zur Neuaufstellung. Vielleicht gibts auch noch mal wieder Urlaub.

Herzliche Grüße Hartl
Auf Wiedersehn!

Schmeißt das Stück Zeitung nicht weg das ich beilege da steht nähmlich von unserer Div. Was drin und hinten ist ein Stück Karte.

Sowjetischer T-26

Armee-Zeitung

HERAUSGEGEBEN VON DER PROPAGANDA-KOMPANIE UNSERER PANZERARMEE

Nummer 77/1943 — Erscheint wöchentlich — Zweite August-Ausgabe

Deutsches Soldatentum

Im Spiegel von Berichten der Kriegsberichter unserer PK

Planmässig zurückgeführt

Bevor die Materialschlacht begann...

Von Kriegsberichter Hans Hornberg

Die Hölle bricht los!

Ungeheuer sind die Verluste der Sowjets!

Ein Regiment gegen zwei Divisionen

Von Kriegsberichter Hans Zwössigf

Feurige Raketen steigen zum Himmel

Besagte Zeitung. Leonhard hat den Artikel mit einem roten Stift markiert

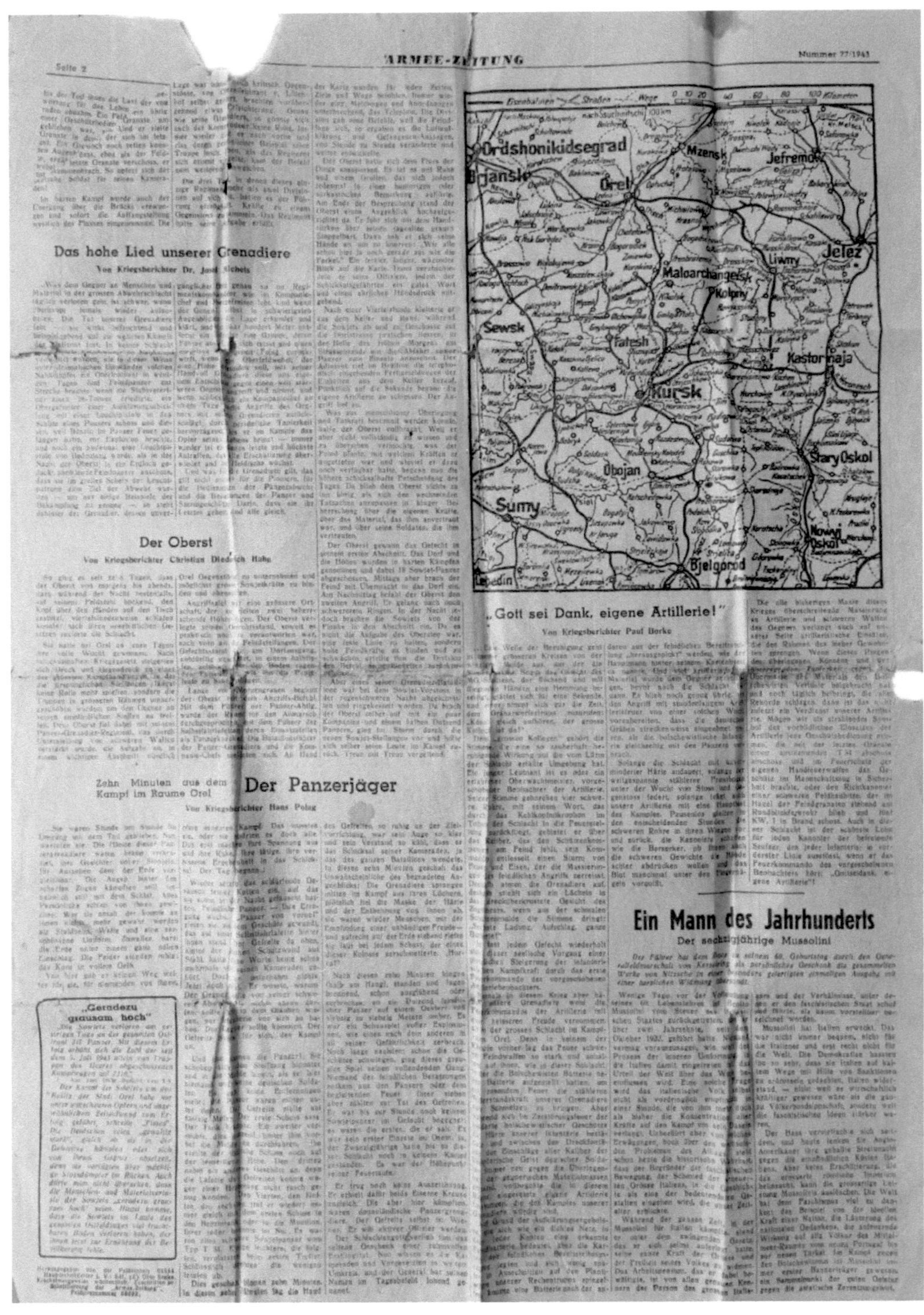

Seite 2 · ARMEE-ZEITUNG · Nummer 77/1943

Das hohe Lied unserer Grenadiere

Von Kriegsberichter Dr. Josef Eichels

Der Oberst

Von Kriegsberichter Christian Diedrich Hahn

Zehn Minuten aus dem Kampf im Raume Orel

Der Panzerjäger

Von Kriegsberichter Hans Polag

„Geradezu grausam hoch"

„Gott sei Dank, eigene Artillerie!"

Von Kriegsberichter Paul Borko

Ein Mann des Jahrhunderts

Der sechzigjährige Mussolini

[Es folgt eine wortgenaue Abschrift der relevanten Artikel.]

Planmäßig zurückgeführt

"Im Orelbogen wurde im Zuge der Frontverkürzung, die seit längerer Zeit vorgesehene Räumung der Stadt Orel in der Nacht vom 4. zum 5. August vom Feinde ungestört durchgeführt. Sämtliche Vorräte wurden planmässig zurückgeführt, die kriegswichtigen Anlagen restlos zerstört."
Aus dem OKW-Bericht vom 5. August

Wenn heute die AZ erstmalig – und zwar gerade angesichts der nunmehr planmässig vollzogenen Räumung von Orel – in größerem Umfange PK-Berichte aus dem Schlachtengeschehen der letzten Wochen veröffentlicht, so wahrhaftig nicht aus "lokalpatriotischen" Gründen. Wir wissen: Ihr wollt nicht heroisiert werden, ihr habt eine instinktive Abneigung vor dem Wort "Held" oder "Heldentum". So wenig ihr es untereinander liebt, mit euren Taten zu prahlen, so wenig wollt ihr diese Taten in der nur für euch gemachten Frontzeitung, in eurer AZ, besonders herausgestellt wissen. Ihr kämpft mit härtester Entschlossenheit und verzichtet dankend auf Selbstbeweihräucherung.

Nicht darum also räumt die AZ heute dem armee-eigenen Erlebnisbericht so bevorzugten Raum ein. Sie hält es vielmehr angesichts der unbestrittenen Einmaligkeit eurer soldatischen und kämpferischen Haltung für eine zwingende verpflichtende Aufgabe, euch – die ihr im einzelnen nur vergleichsweise winzige Abschnitte und Ausschnitte zu Übersehen vermögt – eine Art Rechenschaftsbericht über die Gesamtsituation zu geben, nicht wie sie im grossen der tägliche Wehrmachtsbericht vermittelt, sondern wie sie sich im kleinen in den verschiedensten Kampfräumen spiegelte. Die Gesamtlage mag vom Blickpunkt des Einzelkämpfers gesehen manchmal noch so kritisch erscheinen …

Täglich, stündlich beweist ihr aufs neue: Wenn in den Höhepunkten der grossen Materialschlacht die von den Sowjets ins Rollen gebrachte Panzergeschwader in ihren Tod laufen, wenn euch immer wieder zugemutet werden muss, bis zum wirkungsvollen Abringen eines wohlgezielten Schusses der heranrollenden Gefahr kühl entgegenzusehen, so geschieht dies im unbedingten Vertrauen der auf weite Sicht vorausschauend planenden Führung zu euch, die ihr für jede Lage eures eigenen Kampfstil entwickelt und deren Herzen Stärke sind [unleserlich] der feindlichen Walze, stärker, auch wenn diesen Gewalten unter schwersten Einbussen an Menschen und Material ein grösserer Einbruch gelingt. Die Schlachten des Sommers 1943 im Kampfgebiet Orel, von denen die folgenden Auszügen aus sechs Kriegsberichten unserer PK schlicht unpathetisch erzählen, sind noch nicht abgeschlossen. Sie werden dereinst in die Geschichte eingehen als ein Ruhmesblatt deutschen Soldatentums.

Deutsches Soldatentum
im Spiegel von Berichten der Kriegsberichter unserer PK

Bevor die Materialschlacht begann …
Von Kriegsberichter Hans Hornberg

… Der Krieg hatte in den Räumen ostwärts und nördlich Orel den Frühling und Vorsommer verschlafen, um nun wieder mit ungeheurer Wucht die Dörfer und Ortschaften zu überfallen.

Mannshoch, fast schnittreif, gold und leuchtend ziehen sich die Roggenschläge bis an die Rollbahn und die Hauptkampflinie vor. Der Aufbau der deutschen Militär- und Zivilverwaltung macht sich in diesem Gebiet in der fast vollen Bestellung der vorhandenen Anbaufläche und in der Befriedung der vom Kolchossystem gelösten Landbevölkerung auf Schritt und Tritt bemerkbar.

Nur wenige Kilometer von der Hauptkampflinie entfernt, ging die Landbevölkerung wieder in Ruhe ihrer Arbeit nach, die für sie einen neuen Wert gewonnen hatte. Wie friedliche Idylle, in denen an warmen Sommerabenden zu Gesang und Tanz wie zirpende Grillen die Balalaika aufklangen, lagen die Dörfer im Hinterland. Das Grollen, das in diesen Monaten nur vereinzelt von der Front herübergrollte, der helle Schein der nachts über der HKL aufleuchtenden Leuchtkugeln und die gelegentlichen Bombenabwürfe der Sowjets empfand niemand mehr als Störung. Auch der deutsche Grenadier, der hier seit Monaten in den Stellungen und allmählich wohnlicher gewordenen Kampfständen lag, fühlte sich fast zuhause in den Grabenstrassen und Schluchten, in die er seine ferne Heimat durch originelle Geländetaufen verpflanzte.

So begegnete man z. B. im Abschnitt einer Berliner Infanterie-Div. mit dem Bärenwappen, die am 11. Juli an der Nordfront dem Hauptstoß des Gegners ausgesetzt war, auf Schritt- und Tritt der Reichshauptstadt. Dieser Sickerbach hieß die Panke, die darüberführende Brücke die Janowitz-Brücke, der Anstieg zu einer beherrschenden Höhe die Potsdamer Strasse und die im weissen Sande aufleuchtende Kuppe der Potsdamer Platz, und selbst das Olympische Dorf, hier Gefechtsstand eines Bataillons, fehlte nicht. Die allnächtlichen Spähtrupps und der Weg rückwärts zu den Trossen hatten den Grenadier vertraut gemacht mit dem Gelände hüben und drüben. Er kannte sich aus in den Mulden, Schluchten, in dem Gewirr der Gräben und in den versteckten Feuerstellungen der schweren Waffen wie in den winkligen Gässchen der Altstadt in seiner Heimatstadt, er wusste, welche Stellen die gegnerischen Granatwerfer "bevorzugten" und wo der Abendsegen der Artillerie, Urlauberbegrüssung genannt, niederging. Laubblenden nahmen im schlechteingesehenen Gelände dem Gegner die Einsicht. Und zwitscherten gelegentlich Infanteriegeschosse durch den dürren Blättervorhang, so galt das als eine empörende Unverschämtheit des Gegners dort drüben.

Die Hölle bricht los!

Das dieser Krieg-Frieden nur ein scheinbarer war, blieb den deutschen Stäben selbstverständlich nicht verborgen. Und als in der Frühe des 11. Juli der erwartete sowjetische Entlastungsangriff an drei Punkten (ostwärts, nordostwärts und nördlich) im Raum von Orel losbrach, traf er die deutsche Abwehr wohlvorbereitet. Doch die Massierung der sowjetischen Artillerie und der Munitionsverbrauch des Gegners überstieg alles, was die Sowjets bisher in der Kette der Schlachten um den Eckpfeiler Orel aufgeboten hatten.

Aus etwa 1700 Geschützen aller Kaliber, dazu Hunderten von schweren Granatwerfern und Salvengeschützen legte der Gegner ein mehrstündiges Vorbereitungsfeuer auf die deutschen Stellungen, wo sich die deutschen Grenadiere in [unleserlich, Riss i. d. Zeitung] Orkan von Stahl und Feuer in die Erde verkrallten und zunächst nichts tun konnten, als den Angriff des Gegners abzuwarten. Zahlen bleiben immer nüchtern, sie können nur zu dem sprechen, der sie aus ihrer Nüchternheit zu lösen und sie in die Wirklichkeit umzusetzen vermag. Auf den Abschnitt der Berliner Division an der Nordfront gingen in den Morgenstunden des 11. Juli 100 000 sowjetische Granaten nieder!

Diesem gewaltigen Materialeinsatz des Gegners entsprach auch der sowjetische Einsatz an Schützen-Divisionen und Panzerbrigaden. An der Nordfront setzte der Gegner 15 Schützendivisionen, meist Garde-Schützen-Div. 3 Panzerkorbs und 3-4 Panzerbrigaden mit etwa 800 –

90

900 Panzern an, nordostwärts 7 Schützendivisionen, 2 Panzerkorps und mehrere Panzerbrigaden mit etwa 500 Panzern, ostwärts 15 Schützendiv., 2 Panzerkorbs mit 6 Panzerbrigaden, 5 Panzerdurchbruchs bzw. Panzer-Rgt. mit etwa 600 – 700 Panzern. So ergab sich das Bild, dass ein einziges deutsches Regiment von mehreren sowjetischen Div. angegriffen wurde. Diese ungeheure Massierung der gegnerischen Kräfte machte trotz des heldenhaften Kampfes der deutschen Grenadiere Einbrüche in die deutschen Stellungen unvermeidlich, in die der Feind immer neue Divisionen hineinwarf.

… So hat sich in der neu entbrannten Schlacht, einer Doppelschlacht, wenn man die Kämpfe südlich von denen nördlich und ostwärts trennt, der Krieg aus der Erstarrung des Grabenkampfes gelöst. Die deutsche Führung setzt der veränderten Taktik der Sowjets die bewegliche Kriegsführung entgegen. Die Regimenter und Bataillone, die – häufig ohne Anschluss – mit dem allerletzten Einsatz weit vorgeschobene Stützpunkte verteidigen müssen, kennen die sich stündlich verändernde taktische Lage nicht. Sie sind darauf angewiesen, dass ein Funkspruch ihnen neue Stellungen zuweist. An anderen Stellen biegt sich die Front wie eine Gerte, um dann durch eigene Gegenangriffe wieder vorzuschnellen. Es kommt in dieser Periode der elastischen Kampfführung in der neuen Schlacht im Raume Orel darauf an, immer empfindlichere Lücken in die Masse des herangeführten gegnerischen Materials zu schlagen und seine Divisionen verbluten zu lassen. Dabei sind im einzelnen auch sehr [unleserlich] Feinderfolge im Rahmen der Gesamtlage, die unsere Führung zielklar überschaut, keineswegs irgendwie entscheidend.

Ungeheuer sind die Verluste der Sowjets!

In einer Erbitterung ohnegleichen, in einem Kampf, in dem jeder einzelne Grenadier dem ausgepumpten Körper den harten Willen zum Durchhalten um jeden Preis entgegensetzt, geht das Ringen weiter. Die Sowjets haben schon in den ersten zehn Tagen ungeheure Verluste erlitten, die selbst die Ziffern aus unseren grossen Umfassungsschlachten im Vorschmarschjahr 1941 übertreffen. In der Zeit vom 11. –20. Juli wurden in den Kampfräumen ostwärts und nördlich Orel 1089 Sowjetpanzer abgeschossen, davon 310 durch die Luftwaffe, besonders unsere Stukaverbände, die oft bis zu sechs Einsätze täglich flogen. Die feindliche Luftwaffe verlor in der gleichen Zeit 652 Flugzeuge, davon 604 durch Jäger und 48 durch Flak. Die blutigen Verluste des Gegners sind auch nicht schätzungsweise anzugeben. Sie sind jedoch gleich ungeheuer gross, und sind gerade in den Tagen der lange vorgesehenen Frontverkürzung und der im Rahmen der beweglichen Kampfführung durchgeführten Räumung Orels noch ins Ungemessene gewachsen.

den 22.8.43

Liebe Eltern u. Geschwister!

Wir befinden uns vorläufig immer noch in Briansk. Gestern hat der Oberst eine Ansprache und dabei sprach er uns seinen und den Dank des Generals aus, daß wir uns noch in den letzten Tagen so gut gehalten haben.

Wir werden nun wieder allmählich frisch ausgerüstet, was dann weiter wird müssen wir erst sehen, höchst wahrscheinlich gehts wieder zu einem Einsatzt. Fast alle Tage können wir ins Theater oder Kino gehen, wenn irgendwo Gottesdienst ist kann auch jeder hingehen. Auch der übrige Dienst ist sehr wenig, Sachen in Stand setzen und Waffenreinigen. Wie lange wird denn die Scheiße hier in Rußland noch dauern.

Nun herzliche Grüße Hartl
Auf Wiedersehn!

den 28.8.43

Liebe Eltern u. Geschwister!

Heute werde ich ganz kurz schreiben weil ich einen wehen Daumen habe. Das Päckchen No. 8 ist gut angekommen. Wir sind nun von Briansk wieder weg, diesmal gings weiter nach Süden. Jetzt liegen wir 30 km nördlich Poltawa in der Gegend um Charkow. Vorläufig sind wir noch in Ruhe, wie lange es noch dauert ist nicht bekannt. Sonst gehts mir ganz gut, die Gegend ist hier auch besser als da wo wir vorher waren. Das E.K. habe ich nun auch bekommen und schicke es gleich mit sonst gehts doch verloren.

Herzliche Grüße Hart
Auf Wiedersehn!

Eisernes Kreuz zweiter Klasse von Leonhard März. Lt. Feldpostbrief vom 28.08.1943 nach Hause geschickt

den 30.8.43

Liebe Eltern u. Geschwister!

Heute habe ich noch mal einigermaßen Gelegenheit und Ruhe zum schreiben. Wir sollen sehr wahrscheinlich heute Abend wieder eingesetzt werden, es heißt zwar es ist sehr ruhig, aber wir werden es schon sehen. Wir sind nun noch weiter nach Süden gekommen, mit L.K.W. wurden wir über Krasnograd in Richtung Charkow gebracht.

Es ist sehr heiß und verdammt staubig hier. Sonst gehts im Allgemeinen ganz gut und schlimmer als wirs schon gehabt haben kanns auch nicht werden. Wenn man wieder in der Scheiße drinn ist denkt man sich dabei nichts mehr, es ist da alles selbstverständlich, es gehört alles zum Krieg. Was alles noch mit uns wird und wo wir hingesteggt werden müssen wir erst sehen, zur Zeit sind wir ungefähr 50-60 km südwestlich Charkow.

Die Urkunde vom E.K. werde ich diesmal beiliegen, bei letzten Brief hab ichs vergessen. Wo ist der Karl eigentlich, ich habe noch keine Post von ihm, die Briefe kamen alle zurück.

Herzliche Grüße Hartl

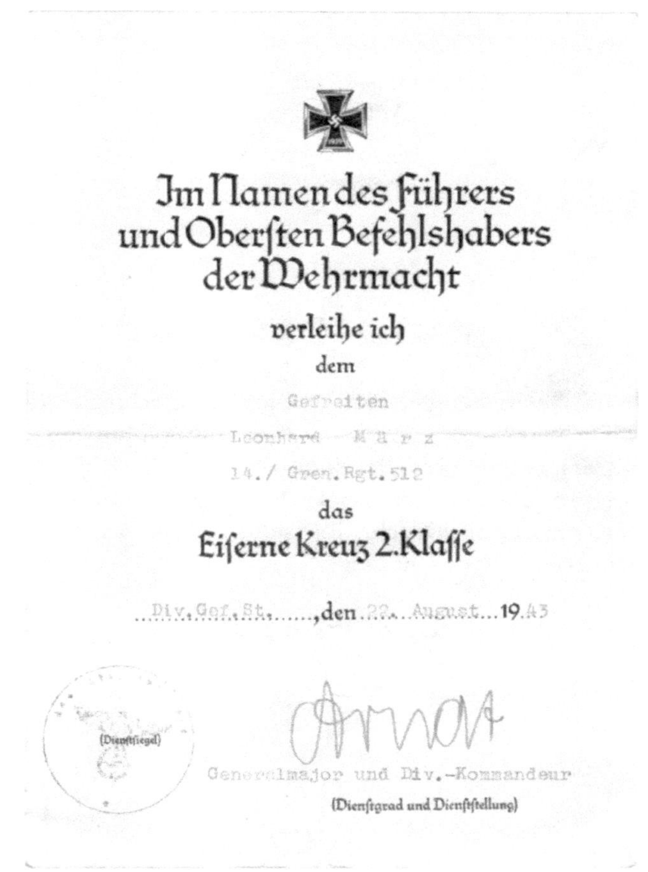

Besagte Urkunde aus dem Feldpostbrief vom 30.08.1943

den 5.9.43

Liebe Eltern u. Geschwister!

Den Luftfeldpostbrief vom 27. August habe ich gestern erhalten. Jeder wartet jetzt immer schon schwer auf Post von Zuhause, das ist noch die einzige Abwechslung die wir haben. Wir sind nun schon wieder 5 Tage im Einsatz und bis jetzt ist es immer noch gegangen, es war verhältnißmäßig ruhig. Nur heute hat der Russe links von uns angegriffen, wie es meistens an den Sonntagen der Fall ist. Unsere haben einen Gegenstoß mit Flammenwerferpanzer gemacht, wir haben es von unserer Stellung sehr schön sehen können.

Wenn der Sepp Glück hat und kommt zur schweren Artillerie kann er froh sein, es ist immer besser als Infanterie. Wie lange wird er wohl noch daheim bleiben können?

Mir gehts soweit noch ganz gut, nur habe ich, wie auch alle Andern, wie die Berliner immer sagen, die Schnauze voll vom Krieg. Wenn man nur was machen könnte um aus dieser Scheiße hier raus zu kommen. An dem Platz wo wir liegen waren vorher SS und liegen zum Teil noch da, die sind auch ganz schön zusammengehauen. Es schwirrt bei uns das Gerede herum daß 3 neue SS Div. herkommen sollten, ich glaubs aber nicht eher als bis sie dasind.

Wo ist denn eigentlich der Karl, ich habe von im noch immer keine Post, es sind die Briefe immer zurückgekommen. Unsere einzige Hoffnung ist die, daß wir möglichst bald hier herausgezogen werden. Hoffentlich dauerts nicht mehr lange, wir sind mit den Nerven bald fertig.

Herzliche Grüße Hartl
Auf Wiedersehn!

Mit Wirkung vom 1.8. bin ich nun Obergefreiter geworden.

den 17.9.43

Liebe Eltern u. Geschwister!

Ich kann vorläufig nicht sehr viel schreiben weil ich ausgerechnet an der rechten Hand verwundet bin. Am 8. bin ich verwundet worden bei Charkow und bin von da gleich hierher nach Grundelsee im Salzkammergut. Es war aber doch ganz gut daß ich gleich am Anfang ein Ding gekriegt habe, nachher hat unsere Kanone einen Volltreffer bekommen. Jetzt gehts mir ganz gut, leider ist es diesmal mit Urlaub schlecht, höchstens 14 Tage. Schicken braucht Ihr vorläufig nichts, voraussichtlich dauerts nicht sehr lange.

Herzliche Grüße Hartl

Res.Laz. Grundlsee Ob. Donau

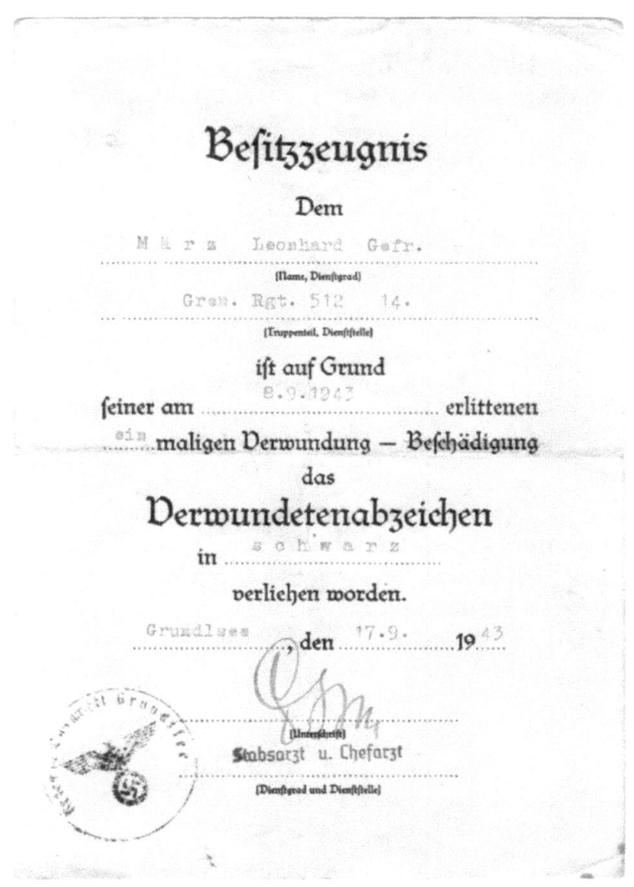

Das Verwundetenabzeichen wurde am 1. September 1939 gestiftet. Es zeichnete Soldaten aus, die im Zweiten Weltkrieg durch Feindeinwirkung, unverschuldet durch eigene Kampfmittel oder schwere Erfrierungen bei Kampfhandlungen verletzt wurden. Für ein- und zweimalige Verwundung wurde es in Schwarz verliehen, für drei- und viermalige Verwundung in Silber und für mehr als vier Verwundungen in Gold.

den 22.9.43

Liebe Eltern u. Geschwister!

Habt Ihr meinen ersten Brief nicht bekommen weil ich von Euch noch keine Post habe. Ich bin nun doch schon wieder eine Woche hier im Lazarett, gewöhnlich dauert die Post blos 2 höchstens 3 Tage hierher. Hier ist es soweit ganz schön, aber wir haben davon nicht viel, auf einen Berg können wir gar nicht steigen dazu ist der Ausgang zu kurz. Wir können blos raus von nachmittags 2 Uhr bis zum Abendessen um 1/2 6 Uhr. In dieser kurzen Zeit ist nicht viel zum anfangen.

Gestern hat es hier zum 1. mal geschneit, der Schnee ist aber nicht liegengeblieben. Es haben hier verschiedene Minister Villas, Ihr könnt Euch also denken wie die Gegend so ist. Das Essen ist nicht grad besonders, eine Kleinigkeit könnt Ihr ab u. zu schicken.

Ist der Sepp noch Zuhause? Wenn er einrücken muß, könnt Ihr wieder eine Eingabe machen, diesmal aber etwas früher damit sie noch rechtzeitig zum Ersatzhaufen kommt. Mit meinem Arm gehts ganz gut, morgen muß ich zur Röntgenaufnahme nach Gmunden, da sieht man dann genau was los ist.

Hoffentlich ist der Krieg bald aus.

Nun herzliche Grüße Hartl

Grundlsee den 26. Sep.43

Liebe Eltern u. Geschwister!

Euren Brief habe ich gestern erhalten, es geht hier sehr schnell mit der Post. Ich habe an die Komp. geschrieben wie es jetzt bei ihnen aussieht, ich bin gespannt was da kommt, ob überhaupt noch etwas kommt. Mit unserm Lazarettzug hatten wir auch Glück, abends wurden wir in Krasnograd verladen und auf dem Bahnhof stehenlassen. Ausgerechnet an dem Tage hat der Russe einen Großangriff gestartet, es hat uns ganz schön durchgebeutelt. Zum Glück sind die uns am nächsten einschlagenden Bomben nicht los.

Es geht mir ganz gut, die Hand hat sich auch schon gebessert. Wo ist denn eigentlich der Karl? Hoffentlich krieg ich dann auch noch Urlaub, vielleicht hört doch der Krieg bald auf, oder es geht erst richtig los.

Herzliche Grüße Hartl
Auf Wiedersehn!

Grundlsee den 30.Sep.43

Liebe Eltern u. Geschwister!

Das Päckchen habe ich schon vorgestern bekommen, bis jetzt habe ich noch keine Luft gehabt zu schreiben. Der Kuchen hat sehr gut geschmeckt, er ist blos zu früh ausgegangen. Hier ist fast dauernd schlechtes Wetter, die Wolken hängen um die Berggipfel, ganz selten daß man mal die Spitze sieht. Mit meiner Hand gehts schon ganz gut, ich hab blos noch wenig Kraft drin. Wenns einigermaßen geht wird man ja so gleich entlassen damit wieder andere Platz haben. Wo ist den Karl und wie gehts ihm?

Herzliche Grüße Hartl
Auf Wiedersehn!

96

Grundlsee, den 8.10.43

Liebe Eltern u. Geschwister!

Heute habe ich den Brief vom 3. erhalten. In der Nacht vom Samstag zum Sonntag haben wir hier in Grundlsee Flakfeuer gehört, ob das allerdings von München zu hören gewesen ist weiß ich nicht. Am Sonntag waren wir am Dachstein mit einem Omnibus, es war ganz schön.

Von Karl hab ich immer noch keine Post. Mit dem besuchen ist es auch so eine Sache. Es ist hier sehr schlechte Zugverbindung und dann haben wir hier sehr wenig Ausgang, von nachmittags 2 Uhr - 1/2 6 Uhr Abends. Es rentiert sich auch kaum mehr, in höchstens 8 Tagen denke ich sowieso schon daheim zu sein. Wenn sie aber trotzdem herkommen wollen, müssen sie bis Attnang, liegt zwischen Salzburg und Linz fahren. Es ist aber sehr schlecht von da mit den Zügen, es geht blos einer in der früh, ich weiß auch nicht ganz genau, so um 5 Uhr geht er ab und einer Abends.

Vom Kamerad Schmidbauer weiß ich auch nichts mehr. Ich bin neugierig auf den Bunker den Ihr gebaut habt. In dieser Beziehung bin ich auch so ziemlich Fachmann.

Herzliche Grüße Hartl
Auf Wiedersehn!

Grundlsee, den 11.10.43

Liebe Eltern u. Geschwister!

Es ist nun soweit daß ich entlassen werde. Ich weiß noch nicht genau an welchem Tag, entweder Mittwoch oder Donnerstag. Am besten wärs wenn Ihr jetzt schon was machen würdet, sonst gehts wieder wies letzte mal. Da kam das Gesuch erst zum Ersatzhaufen als ich schon weg war.

Diesmal kriege ich sowieso schon weniger Urlaub, weil der Erholungsurlaub wegfällt, da der letzte erst im Mai war.

Herzliche Grüße Hartl

Spandau, den 1.11.43

Liebe Eltern u. Geschwister!

Ich bin gestern ganz gut bis hierher gekommen. Es hätte aber leicht sehr dumm gehen können, der Zug hatte nämlich starke Verspätung und ich kam erst um 2 Uhr in die Kaserne. Zum Glück war ein anständiger Wachhabender da, ich habs ihm halt so erzählt, er meinte wenn mich der U.V.D.[36] nicht meldet macht ers auch nicht. Ich bin also noch ganz gut durch gerutscht, 3 Tage Bau war das wenigste.

---

[36] Unteroffizier vom Dienst

Mit Urlaub ist es auch so, daß es vielleicht doch klappt. Im Allgemeinen sind die hier sehr großzügig. Von unserer Komp. hab ich schon sehr viele getroffen, viele sind schon wieder draußen.

Hoffentlich klappts nochmal, nun herzliche Grüße Hartl
Auf Wiedersehn!

Spandau, den 7.11.43

Liebe Eltern u. Geschwister!

Es sind nun schon wieder 8 Tage daß ich hier in der Kaserne bin, wenns so weiter geht wie bisher bin ich schon zufrieden. Ein einzigesmal habe ich Dienst gemacht, außer der Wache, aber die ist ganz schön. Von unserer Komp. sind ziemlich viele da, fast alle Tage kommt wieder ein anderer. Es befinden sich auch 2 von unsern ehemaligen Komp. Chefs hier, einer davon soll ja den Haufen wieder … [unleserlich wegen eines Tintenflecks, eventuell "führen "] Der will natürlich wieder die alten Leute haben, drum hats auch schon geheißen, er nimmt uns mit wenn er rauskommt.

Drum hab ich nun auch auf Urlaub keine Hoffnung mehr, sonst hätte ich doch schon längst fahren können denke ich. Einesteils wärs gar nicht schlecht wenn er uns gleich selbst mitnimmt, wer weiß wohin es sonst geht und wo es dazu noch heißt daß unsere Division jetzt in Frankreich liegen soll.

Die Kameraden welche noch später als ich draußen weg gekommen sind haben erzählt daß es an dem Tag wo ich verwundet wurde, noch allerhand los war. Es sind auch wieder mehrere gefallen. Mir gehts soweit ganz gut hier, auch braucht Ihr mir nichts schicken.

Von dem Gesuch habe ich noch nichts erfahren, vielleicht ist es noch gar nicht da. Gestern war Fliegeralarm, mein erster hier, er dauerte aber … [unleserlich wegen eines Tintenflecks, eventuell "nur "] 10 Minuten.

Nun herzliche Grüße Hartl
Auf Wiedersehn!

Berlin-Spandau, den 27.11.43

Liebe Eltern und Geschwister!

Ich bin soweit ganz gut hier in Spandau angekommen, es hat allerdings ziemlich lange gedauert aber ich bin hergekommen. Es sind hier fast alle Verbindungen unterbrochen, drum kann es auch lange dauern bis der Brief ankommt.

Als ich in Berlin ankam war wieder Fliegeralarm, wir mußten sofort in den Keller. Der Alarm dauerte ungefähr 3 Stunden, jetzt wüßte ich nicht wie ich nach Spandau kommen sollte. Mit Ach u. Krach kam ich dann mit kreuz z. kwer Fahrt durch Berlin doch noch her. An allen Ecken 1 und Enden hat es wieder frisch gebrannt, es sieht schon ganz schön wüst aus in Berlin, hauptsächlich die Stadtmitte ist zerstört drum hab ich auch außen rum fahren müssen.

Wir müssen jetzt immer Aufräumungsarbeiten machen, es gibt keinen Ausgang, mir ist ja das egal. Sonst gehts mir gut. Von unserer Komp. sind wieder ein Haufen gekommen, wie lange wir hier noch sind ist nicht bekannt.

Nun herzliche Grüße Hartl
Auf Wiedersehn

Spandau, den 29.11.43

Liebe Eltern u. Geschwister!

Ich will Euch nun schnell ein paar Zeilen schreiben. Sind überhaupt meine Foto schon angekommen, die Straße in der das Geschäft ist schaut auch ziemlich aus. In den Kasernenblock ist keine einzige Bombe gefallen, aber ringsherum ist fast alles zusammengedroschen.

Die Bahnhöfe waren auch fast alle kaputt mit Ausnahme des Anhalterbahnhofes. Ich bin diesmal auch wieder 3 Stunden zuspät gekommen, es hat aber niemand etwas gesagt weil die Flieger da waren. Ich habe in den 3 Tagen die ich hier bin überhaupt noch nichts gemacht, die andern müssen Aufräumungsarbeiten machen.

Heute bin ich nun eingeteilt worden zum Löschkommando. Es geht mir sehr gut nur werden wir nicht mehr allzulange da sein. Es ist jetzt auch der Uffz. hier mit dem ich im Lazarett war, auch sonst sind wieder allerhand von unserer ehemaligen Komp. hier eingetroffen. Vorläufig braucht Ihr mir nichts schicken, es dauert ja doch sehr lange bis Post hierher kommt.

Nun herzliche Grüße von Hartl
Auf Wiedersehn!

Spandau, den 4.XII.43

Liebe Eltern u. Geschwister!

Heute komme ich endlich mal dazu Euch ein paar Zeilen zu schreiben. Tagsüber hat man immer was zu tun, oder es ist mittags schon Fliegeralarm, auf jeden Fall aber kommt abends Alarm. Dazu habe ich jetzt noch Feuerlöschtrupp, bis jetzt habe ich noch nichts zu tun gehabt. Wir haben eine Motorspritze dazu sind wir 8 Mann, wenns nun irgendwo brennt und wir werden gebraucht gehts hin.

Sonst ist hier nicht viel los, auch mit dem Dienst nicht, zurzeit müssen wir unsern Luftschutzkeller verstärken. Zwischendurch heißts mal wieder in der Stadt aufräumen, erst gestern war ich mit dabei. Eine Bombe hatte den ganzen Aufgang verschüttet, der mußte freigemacht werden. Sonst gehts mir gut, hoffentlich bin ich Weihnachten noch hier, da gibts vielleicht auch etliche Tage Urlaub.

Herzliche Grüße Hartl
Auf Wiedersehn!

Spandau den 7.XII.43

Liebe Eltern u. Geschwister!

Nun ist es mit der Abstellung schneller gegangen als ich gedacht habe, morgen gegen Mittag gehts ab von hier. Vorläufig gehts erst mal nach Croßen a. Oder, dann solls nach Radom in Polen gehen, dort wird die Div. Neu zusammengestellt.

Im Stillen habe ich doch immer noch auf Weihnachtsurlaub gehofft, jetzt wird er aller Wahrscheindlichkeit noch in Wasser fallen. Es ist ja eventuell möglich daß es von dort noch Urlaub gibt. Wenigstens sind diesmal sehr viele von unserer alten Kompanie dabei, da ist es doch besser. Wie ists mit den Fotos.

Nun herzliche Grüße Hartl
Auf Wiedersehn!

den 15.XII.43

Liebe Eltern u. Geschwister!

Endlich habe ich wieder eine Adresse bekommen und will nun gleich ein paar Zeilen schreiben. Es wird wohl wieder einige Zeit dauern bis ich Post kriege, ich war 10 Tage in Spandau und habe in dieser Zeit noch keine Post bekommen.

Wir liegen jetzt in der Nähe von Radom in Polen in einer riesigen Barakenstadt. Voraussichtlich bleiben wir längere Zeit hier liegen. Vorläufig haben wir keinen sehr guten Eindruck von hier, wir werden erst sehen wie sich die Sache entwickelt. Wir 12 Mann von Spandau sind von den ersten die hier sind, im Januar sollen noch Rekruten dazukommen.

Es kommt uns hier so vor als wären wir hier am Ende der Welt. Zu Weihnachten sitzten wir wieder hier genau so ohne Post, wenigstens ich, wie die beiden letzten Jahre da habe ich auch nichts erhalten. Sind wenigstens die Foto von Berlin angekommen, oder haben sie die Flieger zusammengeschmissen, das Geschäft war nämlich getroffen gewesen. Die Post die noch in Spandau eintrifft wird uns wohl nachgeschickt. Ist der Sepp noch daheim, wir kriegen hier lauter junge zur Neuaufstellung.

Mir gehts vorläufig noch ganz gut, mit schicken wirds auch schlecht sein.

Herzliche Grüße Hartl Auf Wiedersehn!
Fröhliche Weihnachten!

Meine F.P.N. 44 379

Polen, den 19.XII.43

Liebe Eltern u. Geschwister!

Ich will Euch schnell wieder etliche Zeilen schreiben, weil ich grad schön Zeit habe. Eben kam ich vom Teather zurück, es waren da auch einige ganz junge Burschen, wir frugen natürlich wie alt sie sind und was sie machen. Dabei stellte sich heraus daß diese aus Ulianowo u.

Umgebung sind, das lag in dem Abschnitt aus welchen uns die Russen am 12. Juli herausgeworfen haben. Sie sind dabei mit unsern Truppen zurück und helfen nun bei den Feldküchen arbeiten.

Es gibt hier in den Kantinen noch allerhand zu kaufen, nur ist es ziemlich teuer. Schreibpapier und Umschläge gibt es massenhaft, das ist auch ganz gut so, es geht so immer viel zu schnell aus. Sollte ich einmal von hier aus noch Urlaub bekommen, so werde ich verschiedenes mitnehmen. Es wurde uns gesagt, daß man alle 6 Wochen Kurzurlaub, das wären 4 Tage, bekommen kann. Wenn das stimmt, hätte ich ja Aussicht noch Urlaub zu kriegen, es wäre doch besser als gar nichts, schon wegen der Fresserei. Zu Weihnachten soll es ja allerhand geben, was es allerdings ist müssen wir erst abwarten.

Sonst gehts mir noch ganz gut, es kommt auch mal wieder eine andere Zeit, hoffentlich bald. Ist übrigens mein Koffer schon angekommen, den ein Kamerad von Spandau abschicken wollte, ich hatte keine Gelegenheit mehr.

Nun herzliche Grüße Hartl
Auf Wiedersehn!

Schreibt mir mal die F.P.N. vom Berger Franzl

Weihnachten 1943

Liebe Eltern u. Geschwister!

Es ist nun auch in diesem Jahr Weihnachten wieder vorbei, wir hatten hier eine kleine Feier. Nichts besonderes wars ja gerade nicht, aber für die Verhältnisse welche hier sind, wars doch ganz schön, wenigstens zu Anfang der Feier. Wir hatten schon gefürchtet daß wir lehr ausgehen müssen, weil angeblich Rekruten kommen sollten, zum Glück war es falscher Alarm. So haben wir doch ein wenig was bekommen, Kuchen, Schnaps und noch einige andere Kleinigkeiten. Die meisten waren am Schluß schon ganz schön blau vor allem die Uffz.

Diesmal hatten wir Gelegenheit in die Messe zu gehen, es war sogar unser Pfarrer von der alten Division da. Es waren auch sehr viele Soldaten in der Kirche, die jungen sind meist aus dem Rheinland, da sind sie fast alle katholisch. Es war auch sehr schön, die Regt. Musik hat gespielt und wir haben gesungen. Wir haben jetzt auch ein wenig Schnee und es ist auch nicht mehr so kalt, es ist auch gut wegen dem Glatteis, man konnte bald nicht mehr laufen.

In den Baracken ist es nachts immer ganz schön kalt, es gibt auch keine richtigen Öfen. Wir haben uns nun hier in Kruschinn [Kruszyn] soweit ganz gut eingelebt. Jedenfalls ist es hier doch noch viel besser als in Rußland, nur sollte das Essen etwas besser sein. Hoffentlich wird es doch endlich mal gar, daß wir wieder unser Ruh haben.

Herzliche Grüße Hartl
Auf Wiedersehn!

Polen, den 28.XII.43

Liebe Eltern und Geschwister!

Dieses Jahr ist nun auch gleich wieder vorüber und der Krieg ist immer noch nicht aus. Nächstes Jahr um diese Zeit wird er aber hoffentlich doch aus sein, wenigstens rechnen wir alle damit. Zurzeit erfahren wir überhaupt sehr wenig was alles auf der Welt los ist. Wir haben noch immer eine ganz schöne Zeit hier, obwohl den ganzen Tag Dienst ist. Auch das Essen geht jetzt einigermaßen, außerdem kriegen wir auch noch Päckchenmarken.

Wir sind nun schon wieder 14 Tage hier und sind schon ganz gut eingewöhnt. Ein zweites Soldatenheim, extra für unser Regt. ist auch eingerichtet worden, da kann man abends auch noch hin und wieder essen. Die meisten Tage gehen wir auch ins Kino, da spielt vorher immer die Musik oft wird auch gesungen, es ist ganz schön. Wenigstens kommt man dabei mal wieder auf andere Gedanken. Schickt mir wieder Zeitungen, hier bekommt man fast nie eine.

Soweit gehts mir ganz gut und bin auch gesund.

Nun herzliche Grüße Hartl
Auf Wiedersehn!

Abgeschossenes deutsches Flugzeug

Das Kriegsjahr 1944

Polen, den 1.1.44

Liebe Eltern u. Geschwister!

Das neue Jahr will ich gut anfangen und Euch gleich paar Zeilen schreiben. Ich habe grad schön Zeit weil ich Feuerwache habe. Draußen ist zurzeit ein ungeheurer Schneesturm, es graußt einem, wenn man daran denkt daß es eine Zeit gab wo man bei solchem Wetter draußen stand, hoffentlich kommen solche Zeiten niemals wieder.

In der Neujahrsnacht war allerhand los, die meisten waren besoffen, auch unser Chef hats schon ganz schön gespürt. Als es grad gemütlich wurde, kam Alarmbereitschaft durch wegen Partisanengefahr. Das konnte uns aber nicht stören es sind ja auch fast keine Waffen da mit denen wir uns im Ernstfall helfen sollen. Es ist jetzt auch herausgekommen, daß jeder wenn er irgendwo hingeht, eine Pistole mithaben soll und zwar in der Hosen- oder Manteltasche. Morgen sollen wir Rekruten kriegen, da wird nun auch die schönste Zeit für uns vorbei sein. Ist der Sepp noch immer daheim, hier wenn er wäre, hätte er Gelegenheit zur Musik zu kommen, es werden welche gebraucht.

Hoffentlich wird in diesem Jahr endlich der Krieg aus.

Herzliche Grüße Hartl
Auf Wiedersehn!

Polen, den 10.I.44

Liebe Eltern u. Geschwister!

Endlich komme ich nun mal wieder dazu, ein paar Zeilen zu schreiben. Es sind nun schon die Rekruten eingetroffen und da hat man soviel Arbeit mit diesen Burschen. Sie sind fast alle erst 17 Jahre alt und wissen sich überhaupt nicht zu helfen. Von uns O.Gefr. mußte nun jeder eine Stube übernehmen, nun haben wir überhaupt keine freie Minute mehr. Alle Augenblick ist was anderes zu machen, einmal eine Aufstellung oder wieder eine Liste schreiben, in der Zwischenzeit ist dann schon wieder fertigmachen zum Dienst. Jedes bißchen was zu machen ist muß man 10 mal sagen bis es getan wird.

Nebenbei soll man auch noch selber was lernen, denn wir müssen auch gleichzeitig noch Ausbilder machen, es geht uns also ganz schön dick ein. Seit ich vom Urlaub weg bin habe ich noch keine Post. Hier bin ich nun auch schon 3 Wochen und habe immer noch nichts, möchte blos wissen was da los ist. Etwas kanns ja ausmachen weil wir eine ganz neue F.P.N. haben, es kann da die Post leicht verschickt werden. Ich bräuchte jetzt so schnell wie möglich eine Steuerkarte wegen dem O.Gefr. Gehalt.

Mit Urlaub ist es auch immer ungewiß, so müßts Ihr mir halt schicken. Sonst gehts mir noch gut, nur kommt man zu gar nichts mehr. Es ist keine Zeit um einen Brief zu schreiben. Mir wärs lieber ich hätte nichts mit den Rekruten zu tun.

Hoffentlich wirds bald anders. Alle die hier sind haben genug bis obenhin, hoffentlich ist der Krieg bald aus. Mit den Leuten hier ist nichts mehr anzufangen.

Herzliche Grüße Hartl
Auf Wiedersehn!

Polen, den 14.I.44

Liebe Eltern u. Geschwister!

Euren Brief vom 3. habe ich erhalten, es war überhaupt die erste Post die ich seit meinem letzten Urlaub bekommen habe. In Spandau wurde uns gesagt daß die noch ankommende Post nachgeschickt wird, aber das haben sie doch nicht gemacht.

Die Bestätigung die im Brief lag wegen Sturm. u. Nahkampftage habe ich auch, eigentlich ist es schade daß die Komp. aufgeflogen ist, es kann nun nicht weiter nachgeprüft werden. Voraussichtlich kann ich Ende dieses Monats noch auf Urlaub fahren, es sind zwar blos ein paar Tage, aber immerhin besser als garnichts. Ich denke daß ich so um 26. fahren kann von hier aus, vielleicht könnt Ihr mir bis dahin eine Steuerkarte ausstellen lassen.

Mit dem Schicken ist es auch immer so eine Sache, es geht doch noch immer sehr viel verloren. Päckchenmarken habe ich auch abgeschickt, die werden wohl schon angekommen sein. Bei uns hier wird es erst jetzt richtig Winter, heute schneit es anständig. Bis jetzt lag noch kein Schnee, ziemlich kalt war es schon in letzter Zeit. Es macht jetzt auch die Ausbildung keinen Spaß, es ist überall zu kalt. Sonst ist es hier schon zum Aushalten, hoffentlich wird bis dahin der Krieg aus bis wir hier wegkommen.

Hoffentlich klappts mit dem Urlaub, bis dahin

herzliche Grüße Hartl
Auf Wiedersehn!

Polen, den 2.II.44

Liebe Eltern u. Geschwister!

Ich bin gut vom Urlaub wieder hier angekommen, allerdings einen halben Tag zu spät, es hat aber niemand etwas gesagt darüber, so genau gehts ja hier bei uns nicht.

Daß ich den Sepp noch besucht habe, werdet Ihr schon wissen von ihm. Ich bin nur auf gut Glück in die Kaserne rein und hab ihn dort gleich gefunden in dem gleichen Block, in dem der Winkler Sepp war. Er hatte sich scheinbar schon ganz gut eingelebt, die meisten sind auch ältere Jahrgänge bei denen er ist. Ein Päckchen und die Steuerkarte habe ich nun auch bekommen. Bei uns hier schwirren wieder mal allerhand Gerüchte herum. Es sollen voraussichtlich alle ehemaligen 512er hier wieder herausgezogen werden und zum alten Haufen kommen. Ein Teil ist schon bestimmt, ob aber alle wegkommen ist noch nicht bekannt. Mir gehts soweit ganz gut und bin auch gesund.

Herzliche Grüße Hartl
Auf Wiedersehn!

104

Polen, den 6.II.44

Liebe Eltern u. Geschwister!

Ich will Euch mal wieder ein paar Zeilen schreiben. Es scheint daß der Winter erst jetzt kommt, seit gestern liegt hier Schnee. Es ist auch wieder kälter geworden. Hier wird jetzt auch schon mit Fliegerangriffen gerechnet, es mußten plötzlich M.G. Stände ausgebaut werden und Splittergruben.

Die Rekruten fahren jetzt auch schon auf Urlaub, das ist ein Zeichen daß wir nicht mehr all zu lange hier sind. Ich möchte hier keinen Angriff erleben; mit ein paar Bomben fliegt das ganze Lager auseinander. Vor ein paar Tagen war hier auch ein Redner von der Partei, der wollte uns wieder allerhand Blödsinn einreden, glauben tut sowieso schon kein Mensch mehr etwas. Die meisten die zuhören mußten haben geschlafen

Hoffentlich ist der Krieg bald aus.

Herzliche Grüße Hartl
Auf Wiedersehn!

Polen, den 12.II.44

Liebe Eltern u. Geschwister!

Endlich komme ich mal wieder zum Schreiben, es geht mir im Moment ziemlich dick ein, ich muß nämlich den Führerschein Klasse 2 machen. Einesteils ists ganz gut, so kann ich bei der Komp. bleiben, sonst wäre ich eventuell weggekommen als P.K.W. Fahrer. Seit ich vom Urlaub zurück bin habe ich von Euch ein Päckchen bekommen, weiter noch keine Post. Es scheint jetzt erst richtig Winter zu werden, seit gestern schneit es ununterbrochen. Wenigstens ist es nicht mehr so dreckig, es ist auch nicht sehr kalt.

Sonst ist hier fast immer das Selbe, nur gehen wieder verschiedene Gerüchte um. Meistens ist nicht viel davon war, aber etwas davon trifft doch meistens ein. Habt Ihr die Paßbilder schon weggeschickt, bis zum 1.III. müssen sie im Soldbuch sein. Was hört man bei Euch von der allgemeinen Lage, wir hören überhaupt nichts. Das werden wir schon merken wenn die Russen in die Nähe kommen sollten.

Nun herzliche Grüße Hartl
Auf Wiedersehn!

War der Karl schon auf Urlaub?
Wo steckt der Sepp?

Polen, den 15.II.44

Liebe Eltern u. Geschwister!

Wir haben nun wieder Zulassungsmarken bekommen, die will ich nun gleich wegschicken. Im Allgemeinen ist das Essen schon etwas besser geworden, die Rekruten bekommen außerdem noch Jugendverpflegung und verschiedene noch Zusatz.

Mit dem Führerschein bin ich auch bald fertig, einesteils würde ich noch ganz gerne länger mitmachen man lernt hier verhältnißmäßig viel. Allem Anschein nach werden wir nicht mehr allzu lange hier liegen, es werden mit Hochdruck Fahrer ausgebildet. Auch kommen alle Tage neue Fahrzeuge. Es wird angenommen daß gegen Ende des Monats irgend etwas vorgeht. Einsatzfähig werden wir bis dahin kaum sein, viele denken es könnte nach Frankreich oder sonstwo hin gehen. Vorläufig glaube ich noch nichts davon, wir sind schon so oft enttäuscht worden.

Mit der Post klappts augenblicklich nicht besonders, ich bin nun schon wieder 14 Tage da und habe außer einem Päckchen noch nichts bekommen. Ich habe jetzt mal etwas nachgefragt wies von hier mit U.K. stellen ist. Es wird sehr schlecht oder überhaupt nicht gehen weil die Div. in der Aufstellung ist. Ganz genau kann mans allerdings auch nicht sagen obs nicht doch irgendwie geht. Aber vielleicht wär beim Karl leichter was zu machen.

Ich kann zurzeit schon den richtigen Posten erwischen daß ich mich etwas drücken könnte. Vielleicht wird der Krieg aber doch bald aus.

Herzliche Grüße Hartl
Auf Wiedersehn!

Polen, den 25.II.44

Liebe Eltern u. Geschwister!

Heute habe ich Euren Brief vom 12. bekommen. Mit der Fahrschule für Klasse II bin ich nun auch fertig. Voraussichtlich soll ich versetzt werden, soviel ich gehört habe. Ich glaube daß wir nicht mehr sehr lange hier liegen, es sind schon verschiedene Anzeichen dafür da. In den nächsten Tagen soll eine mehrtägige Div. Übung sein. Nachtübungen und Alarmübungen sind alle Wochen ein paar mal.

Es ist schade daß der Karl nicht einen Monat früher gekommen ist auf Urlaub, jetzt kriege ich wieder keinen. Wo war er den zuletzt gewesen und warum hat er mir noch nie geschrieben. Mir gehts soweit ganz gut, hoffentlich ist der Krieg bald aus.

Herzliche Grüße Hartl
Auf Wiedersehn!

Polen, den 28.II.44

Liebe Eltern u. Geschwister!

Euren Brief vom 18. mit den Paßbilder habe ich erhalten. Ich war nun mal wieder zwei Tage mit unserem Fahrschulwagen über Land. Im ganzen waren wir 15 Mann, es waren welche mit vom Schlachthof in Radom zum Vieheintreiben. Die zwei Tage haben wir zwar ganz gut gelebt, aber ich möchte es ein zweites Mal nicht mehr mitmachen, wir sind nämlich auch mit Partisanen zusammengestoßen, einen haben wir ja gekriegt.

Hier ist es noch immer das selbe, augenblicklich hat sich die Aufregung gelegt. Vom Wegkommen hört man nicht mehr so viel, ich traue aber trotzdem nicht, sowas kommt meist schneller als man denkt. Die Fahrzeuge sind auch schon fast alle bei den einzelnen Kompanien, nur fehlen meist noch die Fahrer dazu.

Es fahren nun auch alle Tage 2 Mann auf Urlaub. Vielleicht komme ich noch mal dran in dieser Zeit die wir noch hier sind. Heute kam einer vom Urlaub zurück, der sagt in 3 Monaten ist der Krieg aus. Bei uns im allgemeinen wird noch mit einem Jahr gerechnet.

Herzliche Grüße Hartl
Auf Wiedersehn!

Polen, den 4.III.44

Liebe Eltern u. Geschwister!

Ich habe den Brief den mir Karl geschrieben hat erhalten, es war bisher der erste den ich von

Ihm bekommen habe. Wo er aber eigentlich steckt hat er aber doch nicht geschrieben. Vom Sepp hab ich auch gestern Post gekriegt aus Südfrankreich, hoffentlich kann er lange dort bleiben. Es ist immer besser als hier in Polen oder Rußland, sollte es doch mal schief gehen so besteht von dort eher Möglichkeit nach Hause zu kommen als von hier aus.

Zurzeit sind die Partisanen ziemlich tätig, alle Augenblicke ist etwas los. Bei uns im Lager sind die Wachen verstärkt worden, es wird nun auch immer scharfe Munition mit ins Gelände genommen. Gottseidank haben wir bis jetzt von den Fliegern Ruhe gehabt, es gäbe ein schönes durcheinander wenn das Lager angegriffen würde.

Ich habe nun einen ganz günstigen Posten erwischt, nämlich als Fahrer des Küchenwagen. Es ist doch ganz gut daß man einen Führerschein hat, sonst wäre ich eventuell zum "Himmelfahrtskommando" so werden die neuen Raketenpanzerbüchsen von uns genannt.

Es geht mir also ganz gut und hoffentlich dauerts nicht mehr sehr lange. Könnt Ihr vielleicht 3-4 kleine Vorhängeschlößer kriegen, es wäre ganz gut damit die Kästen am Fahrzeug abgeschlossen werden könnten. Außerdem bräuchte ich noch Schuhcrem.

Nun herzliche Grüße Hartl
Auf Wiedersehn!

Polen, den 7.III.44

Liebe Eltern u. Geschwister!

Heut komme ich endlich mal dazu wieder ein paar Zeilen zu schreiben. Die Div. wird jetzt verladen, wann unser Regt. dran ist, ist noch nicht genau bekannt, ebensowenig wo hin es gehen soll. Es ist zur Zeit ein ziemlich großes durcheinander. Wir rechnen wieder mit Osten, ob es aber gleich zum Einsatz kommen wird glaube ich allerdings nicht.

Wenn man so den Haufen ansieht, kann man sich nicht vorstellen daß es mit den Burschen in den Krieg gehen soll. Schickt jetzt vorläufig nichts mehr, es liegt sonst blos herum und wird höchstens kaputt.

Herzliche Grüße Hartl
Auf Wiedersehn!

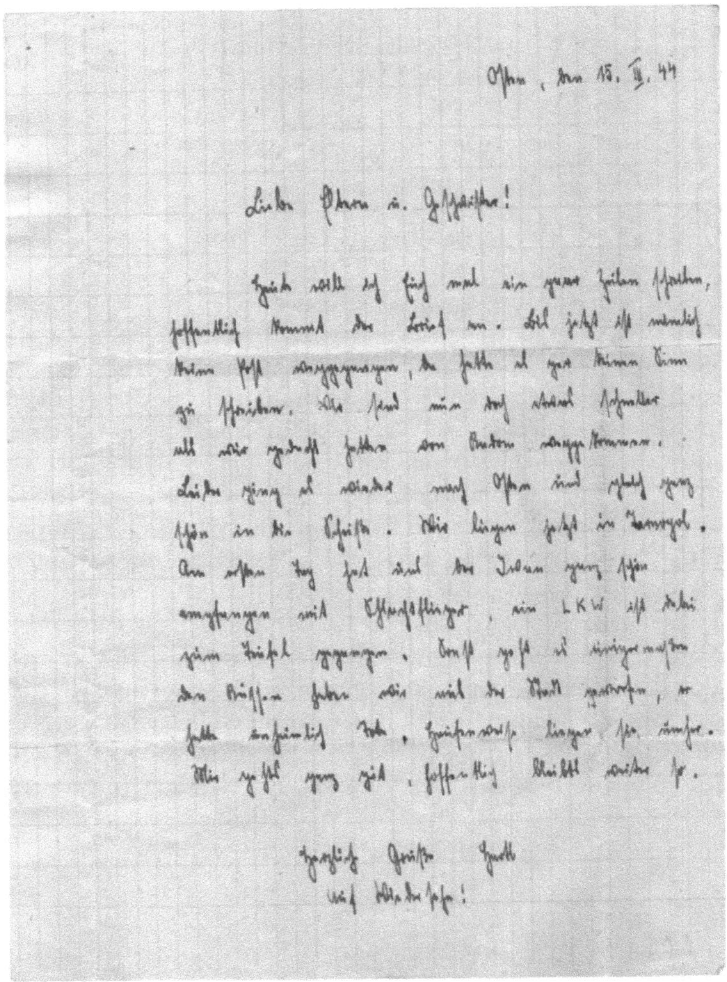

Der letzte Brief von Leonhard März

Osten, den 15.III.44

Liebe Eltern u. Geschwister!

Heute will ich Euch mal ein paar Zeilen schreiben, hoffentlich kommt der Brief an. Bis jetzt ist nämlich keine Post weggegangen, da hatte es gar keinen Sinn zu schreiben. Wir sind nun doch etwas schneller als wir gedacht hatten von Radom weggekommen.

Leider ging es wieder nach Osten und gleich ganz schön in die Scheiße. Wir liegen jetzt in Tarnopol. Am ersten Tag hat uns der Iwan ganz schön empfangen mit Schlachtflieger, ein LKW ist dabei zum Teufel gegangen. Sonst geht es einigermaßen den Russen haben wir aus der Stadt geworfen, er hatte unheimlich Tote. Haufenweise liegen sie umher. Mir gehts ganz gut, hoffentlich bleibts weiter so.

Herzliche Grüße Hartl
Auf Wiedersehn!

Leonhard März ist der Zweite von rechts

Expositusbriefe

Postkarte an den Expositus vom 11. Februar 1941

Herrn
Valentin Lakner
Expositus
Thankirchen
Post [Ort gestrichen]

München den 11.2.41

Lieber Herr Expositus!

Ich bin jetzt schon 8 Tage Soldat. Die erste Zeit war ich das Leben in der Kasern nicht gewöhnt, jetzt bin ich schon eingewöhnt. Aber so wie zu Hause ist es doch nirgens. Wir müssen ungefähr 8 Woch. in der Kaserne bleiben.

Die besten Grüße von Leonhard März

Abs. Schtze. Leonhard März, Inf. Pz. Jäger Ers. Komp. 7 München 13 Adolf Hit. Kaserne

München den 9.3.41

Lieber Herr Expositus!

Nun sind schon 6 [?] Wochen seit meinem Einrücken vergangen. Bis jetzt geht es mir noch ganz gut. Am schönsten wärs aber doch daheim. Am nächsten Sonntag werde ich heimfahren. Heute muß ich in der Kaserne sein, weil ich Stubendienst hab.

Die besten Grüße von Leonhard März

den 18.11.41

Sehr geehrter Herr Expositus!

Ich bin jetzt in der Nähe von Orel und habe am 15. die erste Post erhalten, seitdem ich von zu Hause weg bin. Mir geht es noch ganz gut, wenns auch manchmal mit dem Essen etwas knapp ist davür ist aber auch Krieg und dazu noch in Rußland. Hoffentlich wird der Krieg bald aus und wir kommen gesund nach Hause.

Viele Grüß von Leonhard März

Rußland den 4.1.42

Lieber Herr Expositus!

Ich habe Ihr Pakl mit dem Büchlein erhalten und sage besten Dank dafür. Es ist sehr schön zum lesen, dabei kommt man wieder auf andere Gedanken. Mir geht es soweit noch gut, was man hier in Rußland gut nennen kann.

Die Weihnachtsfeiertage verbrachten wir auf dem Marsch. Seit 11. Dezember befinden wir uns auf dem Rückmarsch und haben nichts anderes mehr gesehen als rauchende und brennende Dörfer, es wurde alles hinter uns zerstört damit die Russen keinen Unterschlupf mehr haben sollten. Sie kamen aber trotzdem immer wieder nach. Am 20. bezogen wir ein Dorf, es hieß hier sollen wir Weihnachten verbringen, aber ausgerechnet am hl. Abend hieß es fertig machen um 2 Uhr wird abgerückt, in dieser Nacht machten wir 20 km zurück. Unser Schlitten waren fast alle mit Verwundete und Tote vollgepackt. Wir konnten aber trotzdem nicht alle mitkriegen, mir tun die Kameraden leid die so in Gefangenschaft gerieten.

Jetzt sind wir in einer einigermaßen ausgebauten Stellung, ich bin auch froh daß der Rückzug endlich ein Ende hat. Es ist jetzt ziemlich kalt 30-40 Grad und die meisten sind schon krank. Wir haben aber ein gutes Mittel dagegen, abends legen wir uns auf die Öfen und am Morgen ist man wieder gesund. Die russische Bevölkerung ist im Großen und Ganzen sehr freundlich sie geben alles her. Es sind auch in jedem Haus Heiligenbilder. Ich habe in Rußland noch keine 10 Häuser angetroffen wo kein Heiligenbild drin war. Nur die Kirchen sind alle zerstört. Hoffentlich kommen wir bald aus Rußland weg ich habe nur genug gesehen.

Viele Grüße auch an die Mari von Leonhard März
Auf Wiedersehn!

111

am 16.9.42

Lieber Herr Expositus!

Ich muß doch mal wieder ein paar Zeilen schreiben. Wir hatten solange auf Ablösung gewartet, jetzt weil die Ablösung erfolgt ist, ist es auch wieder nicht recht. Wir dachten Alle es geht aus Rußland heraus, ja es war nichts, jetzt sitzen wir in noch größerem Mist. Die jetzige Stellung ist ungefähr 200 km nördlich … [Brief abgerissen]

Es ist eigentlich ganz gleich wo man ist, nur wir hatten auf dem alten Platz alles für den Winter schön hergerichtet gehabt, hier müssen wir wieder neu anfangen. Im Augenblick haben wir mit Panzern nicht viel zu tun, seit dem 9.9. wurden in unserm Abschnitt 3 St. abgeschossen und zwar von der Flak. Es treten hauptsächlich solche auf zwischen 30-40 t, sie sind sehr stark gepanzert, aber wir haben alle möglichen Mittel um sie kaput zu kriegen.

Ich bin noch immer gesund und es geht mir ganz gut, es ist zwar nicht wie Zuhause hauptsächlich mit Essen aber es ist schließlich Krieg. Hoffentlich brauchen wir den nächsten Winter nicht mehr mitmachen, es reicht uns schon ein Winterorden.

Viele Grüße von Leonhard März

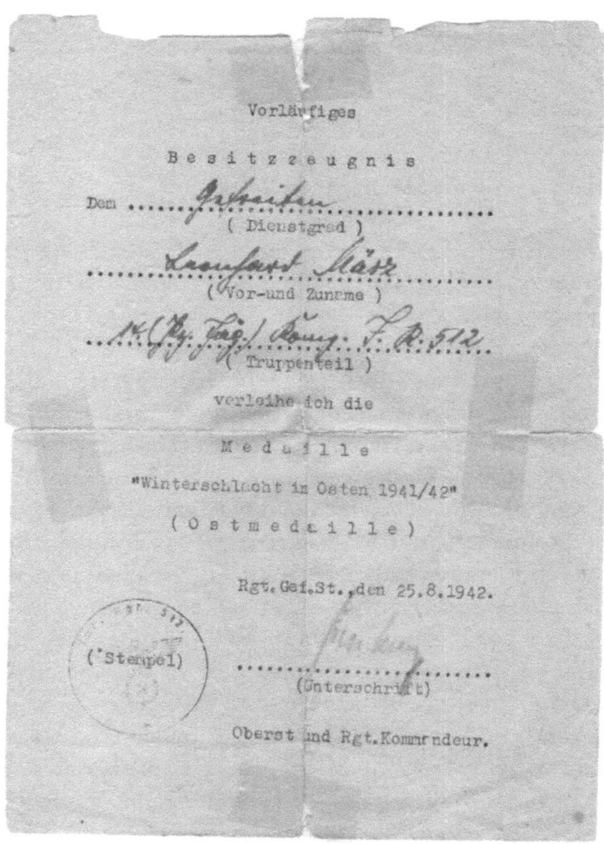

Vorläufiges Besitzzeugnis des im Brief angesprochenen Winterordens. Das eigentliche Besitzzeugnis liegt nicht vor und ist wohl durch Kriegseinwirkung verlorengegangen. Auch die Ostmedaille ist nicht vorhanden.

Die Suche nach Leonhard

Die Suche nach Leonhard begann nicht erst durch mein Zutun, sondern war bereits von Leonhards Familie vor Jahrzehnten angestoßen worden. Direkt nach dem Krieg im Jahre 1945/46 schrieb die Familie zahlreiche Vermisstengesuche aus, unter anderem durch eine Meldung beim Deutschen Roten Kreuz sowie eine Anfrage über eine mögliche Sowjetische Kriegsgefangenschaft.

Die Vorstellung ist kaum greifbar, dass Millionen Familien verzweifelt auf ein Lebenszeichen oder wenigstens eine Information über den Verbleib ihrer Angehörigen warteten. Leonhards Eltern – mein Urgroßvater und meine Urgroßmutter – hatten sechs Kinder – drei Mädchen und drei Jungen. Leonhard und Josef wurden im Abstand von fünf Monaten beide als vermisst gemeldet, da Josef 1944 in Frankreich als alliierter Kriegsgefangener keine Briefe absetzen konnte. Daher erhielt seine Familie auch für ihn eine Beileids- und Vermisstenbekundung, weil sein Aufenthaltsort auch seitens der Wehrmacht unbekannt war.

Der emotionale Schmerz und das Wissen meines Urgroßvaters um das Chaos im Krieg mussten furchtbar für ihn gewesen sein.

Mein Urgroßvater war im Ersten Weltkrieg in Grabenkämpfe verwickelt gewesen und konnte sich an das Durcheinander im Krieg nur allzu gut erinnern. Daher dürfte Leonhards Vater das Schicksal seines Sohnes eher erahnt haben als der Rest der Familie.

Den verehrten Leser möchte ich deshalb auf eine kurze Reise in den Ersten Weltkrieg einladen, um die beschriebene Verzweiflung zu verdeutlichen. Auf diese Weise gelingt es uns eher, uns in eine der schrecklichsten Zeiten des 20. Jahrhunderts hineinversetzen und zu verstehen, welch unerschütterliche Standfestigkeit bewiesen werden musste und wie Väter um ihre Söhne bangten, wohl wissend, welches Schicksal ihnen wahrscheinlich zuteilgeworden war.

Vimy, den 2. März 1916

Lieber Bruder!

Habe nun wieder 2 Tage Schützengraben hinter mir, bin daraus wieder gut zurückgekommen, haben ihmmer sehr schlechtes Wetter gehabt, kannst dir keinen begriff machen wie es in den erstürmten feindlichen gräben ausschaut ein Dreck gar nicht mehr zum durchkommen die Toten haben sie gleich in gräben [liegen gelassen] Sind jetzt in Vimy [zur] Unterstützung. [Soll der] Georg[37] doch froh sein wenn er keine Schützengräben zu sehen bekommt man glaubt gar nicht was man da alles aushalten muß. Da hast du doch ein schönes Geschäft. Was sagen sie bei Euch vom Krieg wird er noch nicht bald gar.
Der Nockerschefter Anderl ist schwer verwundet durch ein Granate war bei der 10. Komp. war zum erstenmal in Stellung war vor kurzem erst herausgekommen. Ich war gerade beim

---

Wasser ausschöpfen im Schützengraben Nachts 11 Uhr als sie ihn vorbei trugen hat hübsch gejammert. Auch der Möringer Hans 4 Komp. ist auch verwundet, unsere Komp. ist jetzt ziemlich klein. Will sehen ob wir uns gar nie treffen, wir bleiben wahrscheinlich 4 bis 5 Tage hier dann kommen wir wieder 6 Tage nach Drocourt auf Ruhe, schreib mir auch wieder einmal, will sehn was sie zu Hause anfangen im Sommer wenn der der Krieg noch nicht gar ist, ich glaube doch daß Georg in Garnison bleiben darf.

Es grüßt dich
vielmals Josef

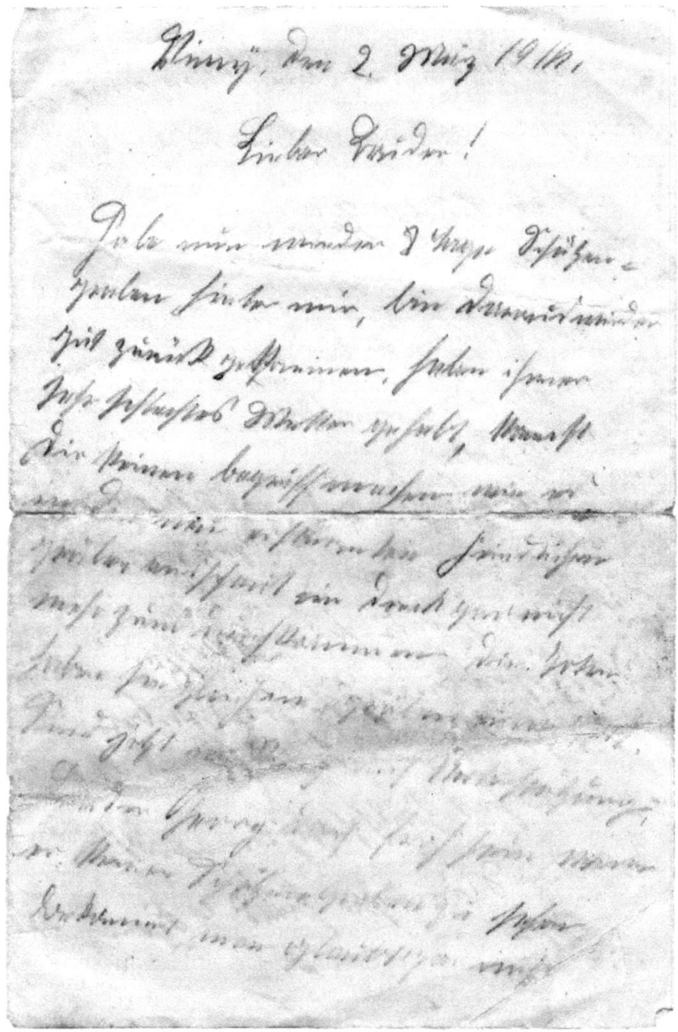

Feldpostbrief meines Urgroßvaters aus dem Ersten Weltkrieg, Seite 1

114

Seite 2 des Briefes

Folgend eine kurze Chronologie der Suche nach Leonhard März

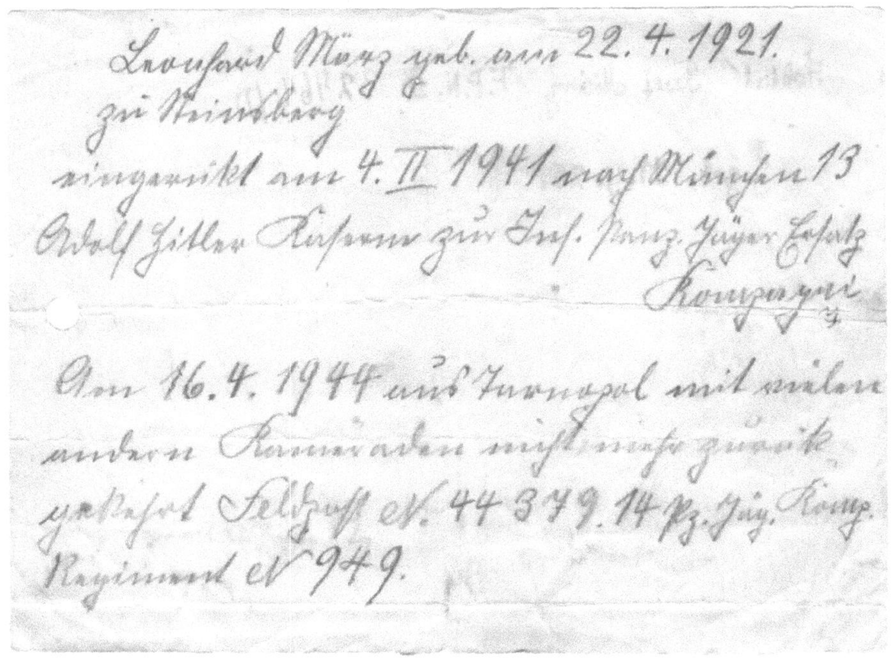

Notizzettel der Familie

Leonhard März geb am 22.04.1921 in Oberbayern
eingerückt am 04. II 1941 nach München, 13. Adolf Hitler Kaserne zur Inf. Panz. Jäger-Ersatz Kompagnie

Am 16.04.1944 auf Tarnopol mit vielen anderen Kameraden nicht mehr zurück geschafft
Feldpost N. 44379 14. Pz. Jäg. Komp. Regiment N. 949

Nach Leonhards letztem Brief im März 1944 herrschte zunächst Funkstille. Zwar lagen zwischen den Briefen immer einige Tage oder Wochen, doch kam kein Lebenszeichen mehr in der Heimat an. Für Leonhards Eltern, die um drei Kinder an den Fronten bangten, musste die emotionale Belastung gewaltig gewesen sein.

Erst im Mai 1944 erhielt die Familie einen Brief des Kompaniechefs. Es war nicht mehr als ein handgeschriebene Standardbeileidsbekundung, wie sie damals millionenfach verschickt wurden, um den Angehörigen daheim Seelenfrieden zu stiften. Ich kann mir nur schwer vorstellen, dass diese Schreiben wirklich Trost spenden konnten.

Ein fader Beigeschmack bleibt, wenn man berücksichtigt, dass bereits Wochen vor dem angesprochenen Kondolenzschreiben mehrere Zeitungsartikel zum Kessel in Tarnopol erschienen waren. Ich kann nicht mit Bestimmtheit sagen, dass Leonhards Eltern die Artikel vor Eintreffen des Schreibens zu Gesicht bekommen hatten; der Gedanke daran ist in meinen Augen jedoch erschreckend.

Leuchtendes Vorbild höchster soldatischer Tugend

Der heldenmütige Kampf der Besatzung von Tarnopol abgeschlossen — Auch die letzten Verteidiger kämpften sich durch

Berlin, 19. April. Nach 25 Tagen erbitterten Ringens hat der heroische Kampf der Besatzung von Tarnopol sein ruhmreiches Ende gefunden, nachdem die letzten Teile der tapferen Verteidiger durch unsere von Westen vorgestoßenen Panzerverbände aufgenommen worden sind. Seit dem 23. März haben sich die unter dem Befehl des Generalmajors von Neindorff stehenden deutschen Truppen in der vom Feinde eingeschlossenen Stadt gegen stärkste Kräftemassierungen der Sowjets gehalten.

Trotz des verbissenen Widerstandes unserer Grenadiere gewannen die Bolschewisten infolge ihrer zahlenmäßigen und materiellen Überlegenheit von Tag zu Tag mehr Boden. In härtesten Straßen- und Häuserkämpfen schlugen unsere Soldaten die Bolschewisten aber immer wieder zurück. Laufend zugeführte sowjetische Verstärkungen ließen die Lage jedoch immer bedrohlicher werden. Die außerordentlich harten, Tag und Nacht anhaltenden Kämpfe fesselten über drei Schützendivisionen sowie sehr starke Artillerie- und Panzerkräfte des Feindes, während die geringe Zahl der Verteidiger über keine nennenswerten schweren Waffen verfügte. Vor dem kaum abreißenden Artilleriefeuer, das die Stadt in ein einziges Ruinenfeld verwandelte, und von den ununterbrochenen Angriffen von Tieffliegern und Panzern wurden unsere Grenadiere schließlich auf den Westrand der Stadt zurückgedrängt. Aber auch hier ließen ihre Gegenstöße nicht nach, durch die sie feindliche Angriffsgruppen zerschlugen und den Bolschewisten im Nahkampf hohe Verluste zufügten. Nachdem Munitions- und Wassermangel die weitere Verteidigung der Stadt unmöglich gemacht hatte, erging am 15. April der Befehl zum Ausbruch aus der Stadt nach Westen, am gleichen Tage, an dem der Kommandant von Tarnopol, der jetzt mit dem Eichenlaub zum Ritterkreuz des Eisernen Kreuzes ausgezeichnete Generalmajor von Neindorff, inmitten seiner Soldaten den Heldentod fand. Am 16. April traten die noch kampfkräftigen Einheiten in drei Gruppen zum Durchbruch an, um zu den nur noch wenige Kilometer entfernten deutschen Panzerkräften durchzustoßen. Einem Teil gelang dieser Durchbruch bis zum Abend, wobei eine Gruppe noch eine sowjetische Mörserbatterie mit ihrer Bedienung vernichtete. Der Rest schlug sich im Laufe des 17. April durch die sowjetische Linie durch zu der deutschen Panzergruppe, die sich seit Tagen gegen hartnäckigsten Widerstand des Feindes und unter den schwierigsten Geländeverhältnissen Schritt für Schritt nach Osten vorgekämpft hatte, um die Männer aus Tarnopol aufzunehmen. Diese Panzerkampfgruppe, die sich aus Teilverbänden des Heeres und der Waffen-ff zusammensetzte, hat bei dieser Unternehmung in den letzten drei Tagen 74 Sowjetpanzer, 108 Geschütze sowie zahlreiche Granatwerfer und sonstige Waffen des Feindes vernichtet. Durch das Aus-harren auf weit vorgeschobenem Posten werden die Tarnopol-Kämpfer für alle Zeiten ein leuchtendes Vorbild höchster soldatischer Tugend sein, ein Vorbild an unübertrefflicher Tapferkeit und unerschütterlicher Standhaftigkeit.

Eichenlaub für einen Sohn der Mark

Aus dem Führerhauptquartier, 19. April. Der Führer verlieh am 13. April das Eichenlaub zum Ritterkreuz des Eisernen Kreuzes an Generalleutnant Johannes Mayer, Kommandeur der rheinisch-westfälischen 329. Infanterie-Division, als 453. Soldaten der deutschen Wehrmacht.

Generalleutnant Mayer wurde am 6. September 1895 als Sohn des Pfarrers M. in Stepenitz (Westprignitz) geboren.

„Es soll kein Deutschland mehr geben"

Vigo, 19. April. Die Ausrottung nicht nur des Begriffs, sondern auch des Wortes Deutschland ist auf der Teheran-Konferenz beschlossen worden, erklärte Johannes Steel in der Mai-Nummer der Newyork-Zeitschrift „Click" in einem „Es wird kein Deutschland mehr geben" betitelten Artikel. Das Blatt veranschaulicht die beabsichtigte Zerstückelung Deutschlands und betont, daß kein einziger der neuen Kleinstaaten irgendeinen Namen tragen dürfe, der noch an Deutschland erinnere. Dieser Beschluß sei in Teheran auf Antrag Stalins gefaßt worden.

Einer der genannten Zeitungsartikel: Quelle: Forum der Wehrmacht

Leuchtendes Vorbild höchster soldatischer Tugend

Der heldenmütige Kampf der Besatzung von Tarnopol abgeschlossen – Auch die letzten
Verteidiger kämpften sich durch

Berlin, 19. April. Nach 25 Tagen erbitterten Ringens hat der heroische Kampf der Besatzung
von Tarnopol sein ruhmreiches Ende gefunden, nachdem die letzten Teile der tapferen Verteidiger durch unsere von Westen vorgestoßenen Panzerverbände aufgenommen worden sind.
Seit dem 23. März haben sich die unter dem Befehl des Generalmajors von Neindorff stehenden deutschen Truppen in der vom Feinde eingeschlossenen Stadt gegen stärkste Kräftemassierungen der Sowjets gehalten.

Trotz des verbissenen Widerstandes unserer Grenadiere gewannen die Bolschewisten infolge ihrer zahlenmäßigen und materiellen Überlegenheit von Tag zu Tag mehr Boden. In
härtesten Straßen- und Häuserkämpfen schlugen unsere Soldaten die Bolschewisten aber immer wieder zurück. Laufend zugeführte sowjetische Verstärkungen ließen die Lage jedoch immer bedrohlicher werden. Die außerordentlich harten, Tag und Nacht anhaltenden Kämpfe
fesselten über drei Schützendivisionen sowie sehr starke Artillerie- und Panzerkräfte des Feindes, während die geringe Zahl der Verteidiger über keine nennenswerten schweren Waffen
verfügte. Vor dem kaum abreißenden Artilleriefeuer, das die Stadt in ein einziges Ruinenfeld
verwandelte, und von den ununterbrochenen Angriffen von Tieffliegern und Panzern wurden
unsere Grenadiere schließlich auf den Westrand der Stadt zurückgedrängt. Aber auch hier
ließen ihre Gegenstöße nicht nach, durch die sie feindliche Angriffsgruppen zerschlugen und
den Bolschewisten im Nahkampf hohe Verluste zufügten. Nachdem Munitions- und Wassermangel die weitere Verteidigung der Stadt unmöglich gemacht hatte, erging am 15. April der
Befehl zum Ausbruch aus der Stadt nach Westen, am gleichen Tage, an dem der Kommandant
von Tarnopol, der jetzt mit dem Eichenlaub zum Ritterkreuz des Eisernen Kreuzes ausgezeichnete Generalmajor von Neindorff, inmitten seiner Soldaten den Heldentod fand. Am 16.
April traten die noch kampfkräftigen Einheiten in drei Gruppen zum Durchbruch an, um zu
den nur wenige Kilometer entfernten deutschen Panzerkräften durchzustoßen. Einem Teil
gelang dieser Durchbruch bis zum Abend, wobei eine Gruppe noch eine sowjetische Mörserbatterie mit ihrer Bedienung vernichtete. Der Rest schlug sich im Laufe des 17. April durch
die sowjetischen Linie durch zu der deutschen Panzergruppe, die sich seit Tagen gegen hartnäckigen Widerstand des Feindes und unter den schwierigsten Geländeverhältnissen Schritt
für Schritt nach Osten vorgekämpft hatte, um die Männer aus Tarnopol aufzunehmen. Diese
Panzerkampfgruppe, die sich aus Teilverbänden des Heeres und der Waffen-SS zusammensetzte, hat bei dieser Unternehmung in den letzten drei Tagen 71 Sowjetpanzer, 198 Geschütze
sowie zahlreiche Granatwerfer und sonstige Waffen des Feindes vernichtet. Durch das Aus-
harren auf weit vorgeschobenem Posten werden die Tarnopol-Kämpfer für alle Zeiten ein
leuchtendes Vorbild höchster soldatischer Tugend sein, ein Vorbild an unübertrefflicher Tapferkeit und unerschütterlicher Standhaftigkeit.

O.U., 8. Mai 1944

Sehr geehrte Familie März!

Vor wenigen Tagen hat das deutsche Volk durch den Wehrmachtsbericht erfahren, dass der heldenhafte Kampf, den die Besatzung Tarnopols gegen eine vielfache Uebermacht führte, sein Ende gefunden hat. Am 16.4.44 brachen die tapferen Kämpfer aus Tarnopol nach Westen durch und nahmen dort Verbindung mit den Panzerverbänden auf, die auf Befehl des Führers zur Befreiung der eingeschlossenen Stadt angetreten waren.

Auch Ihr Sohn Obergefreiter Leonhard März, gehörte zu jenen heldenhaften Verteidigern, an deren Schicksal das ganze deutsche Volk Anteil nahm. Leider befand er sich jedoch nicht unter den Zurückgekehrten.

Nur wenige Kameraden der Kompanie hatten das Glück, zu ihrer Truppe zurückzukehren. Sie alle konnten mir keine Auskunft über das Schicksal Ihres Sohnes geben. Sie erzählen, dass ihr Kompaniechef, der selbst in Tarnopol den Heldentod fand, Ihren Sohn als einen tapferen und pflichtbewussten Soldaten geschätzt hat, der allgemein bei Vorgesetzten und Kameraden beliebt war.

Es besteht daher die Möglichkeit, dass Ihr Sohn während der schweren Kämpfe in der Stadt gefallen oder in Gefangenschaft geraten ist.

Ich weiss, dass es Sie besonders hart trifft, nichts Näheres über das Los Ihres Sohnes zu wissen.

Möge Ihre Hoffnung in Erfüllung gehen, dass er nach Beendigung des Krieges wieder zu Ihnen zurückkehrt.

In herzlicher Anteilnahme

Ihr

[Unterschrift]

Oblt. u. Komp Chef

Hans Sg. Mende
17a Karlsruhe - Rüppurr ...

Kondolenzschreiben des Kompaniechefs

08. Mai 1944

Sehr geehrte Familie März!

Vor wenigen Tagen hat das deutsche Volk durch den Wehrmachtsbericht erfahren, dass der heldenhafte Kampf, den die Besatzung Tarnopol gegen eine vielfache Übermacht führte, sein Ende gefunden hat. Am 16.04.1944 brachen die tapferen Kämpfer aus Tarnopol nach Westen durch und nahmen dort Verbindung mit den Panzerverbänden auf, die auf Befehl des Führers zur Befreiung der eingeschlossenen Stadt angetreten waren.

Auch Ihr Sohn Obergefreiter Leonhard März, gehörte zu jenen heldenhaften Verteidigern, an deren Schicksal das ganze deutsche Volk Anteil nahm. Leider befand er sich jedoch nicht unter den Zurückgekehrten. Nur wenige Kameraden der Kompanie hatten das Glück, zu ihrer Truppe zurückzukehren. Sie alle konnten mir keine Auskunft über das Schicksal Ihres Sohnes geben.

Sie erzählten, dass ihr Kompaniechef, der selbst in Tarnopol den Heldentod fand, Ihren Sohn als einen tapferen und pflichtbewussten Soldaten geschätzt hat, der allgemein bei Vorgesetzten und Kameraden beliebt war.

Es besteht daher die Möglichkeit, dass Ihr Sohn während der schweren Kämpfe in der Stadt gefallen oder in Gefangenschaft geraten ist.
Ich weiß, dass es Sie besonders hart trifft, nicht Näheres über das Los Ihres Sohnes zu wissen.

Möge Ihre Hoffnung in Erfüllung gehen, dass er nach Beendigung des Krieges wieder zu Ihnen zurückkehrt.

In Herzlicher Anteilnahme
[Name nicht lesbar]

[Notizen links] Hans [?] Mende – 17a Karlsruhe – Straße nicht lesbar

[Notizen rechts] 20.01.45 an Mende geschrieben

Die vom Kompaniechef angesprochene Hoffnung ging auch in den Nachkriegsjahren nicht in Erfüllung. Leonhard März bleibt verschollen …

Мюнхен, 14.4.1947 г.

Союзу обществ Красного
Креста. и Красного Полу-
месяца.

М о с к в а
С С С Р. Почтовый ящик 212

Касается: Розыска без вести пропавшего, Леонарда МАРЦ.

Настоящим покорнейше прошу Вас дать указание о розыске
без вести пропавшего Леонарда МАРЦ, род.22.4.1921 г. и пере-
сылке известия о нем.

Личные данные:

Имя и фамилия: Леонард МАРЦ (Leonhard März)
день и год рождения: 22.4.1921 г.
чин: оберефрейтор
последний полевой почтовый № 44379, 14-ая танковая коми.
949-ый эскадрон.
пропал без вести: 16.4.1944 г. в Тарнополе

Заранее благодарю Вас за Ваши хлопоты и надеюсь на благо-
приятный ответ.

С глубоким почтением

Адрес:

(Марц)
März

Schreiben eines Vermisstengesuches auf Russisch, wahrscheinlich durch die Familie März in Auftrag gegeben

München, 14.4.1947

März
Oberbayern,
über [Ort gestrichen],
München 2

An die Vereinigung von Rotem Kreuz und Rotem Halbmond

Moskau
UdSSR. Briefkasten 212

Betrifft: Nachforschung nach dem Vermissten Leonhard März.

In wahrhaftiger Ergebenheit bitte ich Sie um Hinweis über die Nachforschung nach dem Vermissten mit Namen Leonhard März, geb. am 22.4.1921, und Zusendung des Standes dazu.

Persönliche Daten:
Vorname und Nachname: Leonhard März
Tag und Jahr der Geburt: 22.4.1921
Rang: Obergefreiter
letzte Feldpost Nr, 44379 14. Panzerkompanie, 949. Geschwader
vermisst: 16.4.1944 in Tarnopol

Ich danke Ihnen im Voraus für Ihre Bemühungen und hoffe auf gewogene Antwort.

In tiefer Ehrerbietung

Adresse: März. Oberbayern,
über [Ort gestrichen], München 2

Erst wieder im Jahr 1949 erhielt die Familie ein Antwortschreiben von einem Herrn Mende, dem sie in 1945 geschrieben hatten und der wohl in Tarnopol an der Seite von Leonhard gekämpft hatte und in Gefangenschaft geraten war.

18.03.1949

In Tarnopol fiel ich in rusische Hand als man uns schwer verwundet hat liegen lassen.

Ihr Sohn war in unserer Komp. was aus ihm geworden ist kann ich leider nicht sagen. Wir als Panzer Batt. Waren aufs ganze Stadtgebiet verteilt. Ich kann Ihnen auch keine große Hoffnungen machen daß Ihr Sohn noch lebt, wir waren mit 3000 eingeschloßen. 1500-2000 lagen am 12.4.44 verwundet in Kellern nach Angaben eines Stabsarztes.

Die unverwundeten u. leichtverwundeten suchten einen schlecht geleiteten Ausbruch am 13.4., es sollten etwa 500-700 gewesen sein. Die Verwundeten blieben liegen u. wurden von dem Rußen zum größtenteil getötet die Überlebenden wenn sie verwundet waren kamen später nach Kiew ins Lazarett die gesunden kamen ins Bunkerlager. Bei den Verwundeten die durch Glück überstanden war ihr Sohn nicht, es besteht noch die Möglichkeit, daß er unverwundet in Gefangenschaft geriet u. im Bunkerlager war dort sollen etwa 80 Tarnopoler gewesen sein. Im Lazarett waren im Anfang etwa 150, nach einiger Zeit etwa noch 50 die Ernährung war fast aus Wasser u. etwas Brot. Im Juli 44 kamen die Lager von Kiew nach Sibirien dort starben von den 50 die meisten. Wenn Ihr Sohn im Bunkerlager bis zu dieser Zeit war so müßte er in Sibirien sein. Aus diesem Angaben können Sie lesen, daß es wenig Möglichkeiten gibt daß Ihr Sohn heute noch lebt. Bis jetzt habe ich keinen Heimgekehrten gefunden, der in Tarnopol war. Trotzdem wünsche ich daß Sie recht bald Nachricht von Ihrem Sohn erhalten u. daß er bald heimkehren möge.

Viele Grüße sendet Ihnen mit Hochachtung Hans Mende

[Oben auf dem Kopf stehend] Hans Mende Karlsruhe

Leonhards Vater verstarb am 09. November 1961. Die Familie konnte bis dahin auf keine neuen Informationen hoffen und auch nach dem Tod meines Urgroßvaters gab es keine neue Meldung bezüglich seines Schicksals.

Das Deutsche Rote Kreuz, erstellte schließlich am 28. Juni 1974 ein erschreckend ehrliches Gutachten über Hartl:

DEUTSCHES ROTES KREUZ

IN DER BUNDESREPUBLIK DEUTSCHLAND

SUCHDIENST MÜNCHEN

8000 MÜNCHEN 43, INFANTERIESTRASSE 7a

G U T A C H T E N

über das Schicksal des Verschollenen
Leonhard   M ä r z , geb. 22.4.21

Truppenteil: Grenadier-Regiment 949
der 359. Infanterie-Division
Vermißt seit April 1944
DRK-Verschollenen-Bildliste Band CD, Seite 174

Ausgangspunkt für die Nachforschungen waren die dem Suchantrag
entnommenen Angaben, die in die Verschollenen-Bildlisten aufgenommen wurden. Damit sind alle erreichbaren Heimkehrer aus Krieg
und Gefangenschaft befragt worden, von denen angenommen werden
konnte, daß sie mit dem Verschollenen zuletzt zusammengewesen
sind. Diese Befragungen fanden sowohl in der Bundesrepublik als
auch in Österreich und anderen Nachbarländern Deutschlands statt.

Ferner sind von anderen Stellen, die Unterlagen über die Verluste im 2. Weltkrieg besitzen, Informationen eingeholt worden.
In erster Linie handelt es sich hierbei um das Internationale
Komitee vom Roten Kreuz in Genf, die Deutsche Dienststelle für
die Benachrichtigung der nächsten Angehörigen von Gefallenen
der ehemaligen deutschen Wehrmacht in Berlin und die Heimatorts-
karteien.

Über diese individuellen Ermittlungen hinaus wurde die Frage
geprüft, ob der Verschollene in Gefangenschaft geraten sein
konnte. Dabei wurden die Kampfhandlungen, an denen er zuletzt
teilgenommen hat, rekonstruiert. Als Unterlage dienten dem
DRK-Suchdienst Angaben über Kameraden, die der gleichen Einheit
angehört hatten und zum selben Zeitpunkt und am selben Einsatz-
ort verschollen sind, Heimkehrerberichte, Schilderungen von
Kampfhandlungen, Kriegstagebücher sowie Heeres- und Spezialland-
karten.

Das Ergebnis aller Nachforschungen führte zu dem Schluß, daß

Leonhard   M ä r z

mit hoher Wahrscheinlichkeit bei den Kämpfen, die zwischen dem
21. März und den letzten Apriltagen 1944 in und um Tarnopol
geführt wurden, gefallen ist.

Blatt 2
(4585 09)

DRK-Gutachten, Seite 1

Blatt 2
(4585 09)

Zur Begründung wird ausgeführt:

Im Verlauf ihrer Winteroffensive waren die Truppen der Roten Armee im Abschnitt der deutschen Heeresgruppe Süd (ab 31.3.1944: Heeresgruppe Nordukraine) nach der Einnahme von Shitomir am 31.12.1943 über Schepetowka weit nach Westen in Richtung Lemberg vorgestoßen. Ihr weiteres Vordringen war Ende Februar 1944 durch den hartnäckigen Widerstand der deutschen 4. Panzer-Armee etwa 80 Kilometer nordostwärts von Tarnopol in der Linie Dubno – Jampol zunächst aufgehalten worden, während südostwärts von Tarnopol starke sowjetische Kräfte in Richtung Kamenez Podolsk und Tschernowitz angriffen.

Zur Verstärkung der deutschen Armeen wurde Anfang März 1944 die aus den restlichen Teilen der 293. Infanterie-Division auf dem Truppen-Übungsplatz Radom neu aufgestellte 359. Infanterie-Division nach Tarnopol zugeführt und mit Ausnahme des Grenadier-Regiments 949 und von Teilen des Artillerie-Regiments 359, die den Besatzungstruppen von Tarnopol eingegliedert wurden, zwischen Borki und Sorocko, 25 km südostwärts von Tarnopol, eingesetzt. Zwischen dem 21. und 23. März kam es in den Wäldern ostwärts von Sorocko sowie bei den Orten Smykowce, Toustulog, Stupki, Konstantynowka und Michalowka zu schweren Kämpfen, in denen die Grenadier-Regimenter 947 und 948 hohe Verluste erlitten.

Am 23. März wurde Tarnopol von den Truppen der sowjetsichen 60. Armee eingeschlossen. Schon eine Woche später waren die Verteidiger auf engstem Raum zusammengedrängt. Etwa 2000 Verwundete wurden in ein Kriegslazarett gebracht, die anderen Überlebenden versuchten in der Nacht zum 14. April den Ausbruch. Sie gelangten am nächsten Tag bis in die Vorstadt Zagrobela auf dem Westufer des Sereth, wo sie auf starke sowjetische Panzerkräfte trafen. In harten Durchbruchs-kämpfen wurden das Grenadier-Regiment 949 sowie das Pionier-Bataillon und die Artillerie-Abteilungen am 16. April nahezu völlig aufgerieben. Erst am Strypa-Fluß, 20 km westlich von Tarnopol, erreichten die Einheiten der nur noch aus Kampfgruppen bestehenden Division eine neue deutsche Abwehrfront und wurden nördlich und südlich der Straße von Tarnopol nach Brzezany zwischen den Orten Horodyszcze und Denysow erneut eingesetzt.

Seit diesen Kämpfen werden viele Soldaten der 359. Infanterie-Division, darunter auch der Verschollene, vermißt. Für einige von ihnen liegt eine Heimkehreraussage vor, daß sie gefallen sind. Andere haben in dem hügeligen, von Wäldern durchsetzten Gelände und bei Ortskämpfen den Tod gefunden, ohne daß es von überlebenden Kameraden bemerkt werden konnte. Auch Verbandsplätze und Lazarette gerieten in das Feuer von Artillerie und Schlachtfliegern.

Es gibt keinen Hinweis dafür, daß der Verschollene in Gefangenschaft geriet. Er wurde auch später in keinem Kriegsgefangenenlager gesehen. Alle Feststellungen zwingen zu der Schlußfolgerung, daß er bei diesen Kämpfen gefallen ist.

Die Übereinstimmung mit
dem Original wird bestätigt
– 6. JULI 2011

München, den 28. Juni 1974

Max Heinrich
Direktor

DRK-Gutachten, Seite 2

Außer einer Anfrage zu Beginn der 2000er Jahre meines Vaters, gab es bis zu meinen Nachforschungen ab 2010 keine weiteren Bemühungen, das Schicksal von Hartl zu klären. Die "Beweislage" war 1974 recht klar und sie ist es bis heute.

Die Vermisstenbildliste des DRK spricht seine eigene Sprache, wenn dort nach Vermissten Tarnopol-Kämpfern gesucht wird. Alleine auf der Seite meines Großonkels finden sich weitere Tarnopol-Soldaten, die bis heute verschollen sind.

DEUTSCHES ROTES KREUZ · SUCHDIENST MÜNCHEN · VERMISSTENBILDLISTE

Gren. Rgt. 949   14. Kp.   FPN: 44379

Familienname, Vorname	Beruf	Geburtsdatum	LND-Buchstabe	beheimatet 1939	Dienstgrad	Ort und Zeit der letzten Nachricht
Heger Robert	Landwirt	11.7.20	A	CSR	Ogfr.	Schweidnitz 4.45
Herdt Heinrich	o.A.	15.2.06	C	Gelnhausen/Hess.	Gren.	Osten 3.44
Hintzen Matthias	Bäckermeister	9.10.16	W	Palenberg/Rhld.	Gfr.	Tarnopol 3.44
Huth Walter	Schlosser	6.7.09	U	Braunschweig	Ogfr.	Schweidnitz 3.45
Iwan Walter	Schweißer	20.4.13	W	Berlin	Ogfr.	Radom 3.44
Juchems Ernst	Arbeiter	3.3.26	L	Herforst/Rhpf.	Sold.	Tarnopol 3.44
Junk Johann	o.A.	13.2.26	H	Saarland	Sold.	Tarnopol 4.44
Kieker Willi	Berufssoldat	10.7.22	X	Rheinland	Lt.	Cherosice 7.44
Klein Josef	Schmied	11.3.26	L	Oberlahr/Rheinland	Sold.	Tarnopol 3.44
Klein Michel	Maurer	22.3.26	L	Niederraden/Rhld.	Sold.	Tarnopol o.A.
Kratsch Artur	o.A.	1.2.26	H	Saarland	Gren.	Tarnopol 3.44
Krust Karl	Friseur	8.3.13	C	Frankfurt/Main	Gfr.	Tarnopol 3.44
Lengert Anton	RB-Arbeiter	6.9.26	L	Rheinland	Gren.	Tarnopol 3.44
Leve Johann de	Steinbrucharbeiter	14.12.09	T	Gildehaus/Hann.	Ogfr.	Krakau 1.45
Liborius Gustav	Weber	4.10.19	O	Brandenburg	Uffz.	Tarnopol 3.44
März Leonhard	Landwirt	22.4.21	A	▇▇▇/Obb.	Ogfr.	Tarnopol 3.44
Meininger Kurt	Elektriker	5.6.26	B	Mannheim	Sold.	Tarnopol 5.44
Micheler Johann	Landarbeiter	16.8.11	A	Reuters/Schwaben	Ogfr.	6.44
Mollenhauer Franz	Stanzer	13.10.06	W	Opladen/Rheinland	Gfr.	Krakau 1.45
Müller Otto	Metzger	21.8.19	B	Eislingen/Württ.	Gfr.	Tarnopol 4.44

CD 174

Vermisstenbildliste des DRK, Leonhard März befindet sich unten links

Die vergessene Schlacht – Tarnopol, das kleine Stalingrad

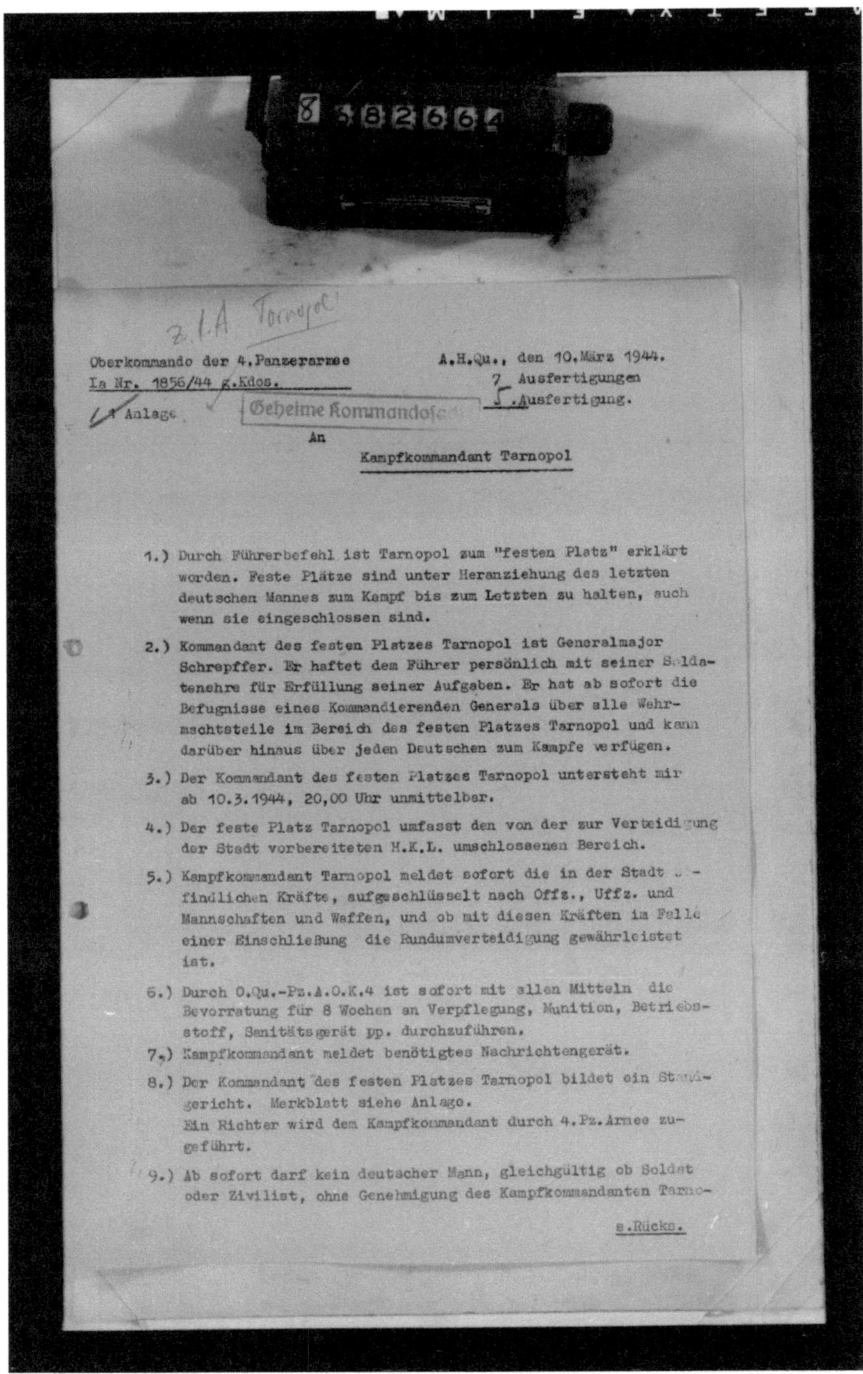

Oberkommando der 4.Panzerarmee   A.H.Qu., den 10.März 1944.
Ia Nr. 1856/44 g.Kdos.   7 Ausfertigungen
1 Anlage   Geheime Kommandosache   5.Ausfertigung.

An

Kampfkommandant Tarnopol

1.) Durch Führerbefehl ist Tarnopol zum "festen Platz" erklärt
worden. Feste Plätze sind unter Heranziehung des letzten
deutschen Mannes zum Kampf bis zum Letzten zu halten, auch
wenn sie eingeschlossen sind.

2.) Kommandant des festen Platzes Tarnopol ist Generalmajor
Schrepffer. Er haftet dem Führer persönlich mit seiner Solda-
tenehre für Erfüllung seiner Aufgaben. Er hat ab sofort die
Befugnisse eines Kommandierenden Generals über alle Wehr-
machtsteile im Bereich des festen Platzes Tarnopol und kann
darüber hinaus über jeden Deutschen zum Kampfe verfügen.

3.) Der Kommandant des festen Platzes Tarnopol untersteht mir
ab 10.3.1944, 20,00 Uhr unmittelbar.

4.) Der feste Platz Tarnopol umfasst den von der zur Verteidigung
der Stadt vorbereiteten H.K.L. umschlossenen Bereich.

5.) Kampfkommandant Tarnopol meldet sofort die in der Stadt be-
findlichen Kräfte, aufgeschlüsselt nach Offz., Uffz. und
Mannschaften und Waffen, und ob mit diesen Kräften im Falle
einer Einschließung die Rundumverteidigung gewährleistet
ist.

6.) Durch O.Qu.-Pz.A.O.K.4 ist sofort mit allen Mitteln die
Bevorratung für 8 Wochen an Verpflegung, Munition, Betriebs-
stoff, Sanitätsgerät pp. durchzuführen.

7.) Kampfkommandant meldet benötigtes Nachrichtengerät.

8.) Der Kommandant des festen Platzes Tarnopol bildet ein Stand-
gericht. Merkblatt siehe Anlage.
Ein Richter wird dem Kampfkommandant durch 4.Pz.Armee zugeführt.

9.) Ab sofort darf kein deutscher Mann, gleichgültig ob Soldat
oder Zivilist, ohne Genehmigung des Kampfkommandanten Tarno-

s.Rücks.

Teil der "Akte Tarnopol" auf NARA-Mikrofilmrollen der amerikanischen "National Archives and Records Administration", aus eigener Sammlung

Die Schlacht um Tarnopol (heute Ternopil in der Ukraine) findet in den Geschichtsbüchern des Zweiten Weltkriegs kaum Erwähnung, obwohl es sich hierbei um das "kleine Stalingrad" oder auch "Mini-Stalingrad"[38] handelte. Hitler befahl im März 1944 die Errichtung sogenannter "Fester Plätze", die nötigenfalls bis zum letzten Mann gehalten werden sollten, um den Feind solange als möglich zu binden. Dazu wurden am 08.03.1944 insgesamt 29[39] Feste Plätze entlang der Frontlinie von Leningrad bis hinunter zum Schwarzen Meer ernannt.

Die meisten dieser Plätze, so auch der "Feste Platz Tarnopol", wurden kaum ausreichend mit Verteidigungsstellungen befestigt, und man versäumte es grundsätzlich, Verteidigungslinien auszubauen, um den angreifenden Feind abwehren zu können.

So wurden auch Teile der 359. Infanterie-Division (gebildet aus der ehemaligen 293. Infanterie-Division), darunter das Grenadier-Regiment 949 meines Großonkels, im März 1944 von Radom, Polen, nach Tarnopol verlegt, um dort fast gänzlich vernichtet zu werden.

Nach Leonhards letztem Brief vom 15. März 1944, dauerte es nicht mehr lange – genauer acht Tage –, bis Tarnopol von der sowjetischen Armee eingeschlossen wurde.

Relativ schnell wurden Ausbruchersuche unternommen, um Tarnopol aufzugeben und zu verlassen, da die Rote Armee die Schlinge enger zog und Verpflegung und Munition knapp wurden.
Dem entgegen wurde der Befehl erteilt, den Festen Platz weiter bis "zum Letzten" zu halten.

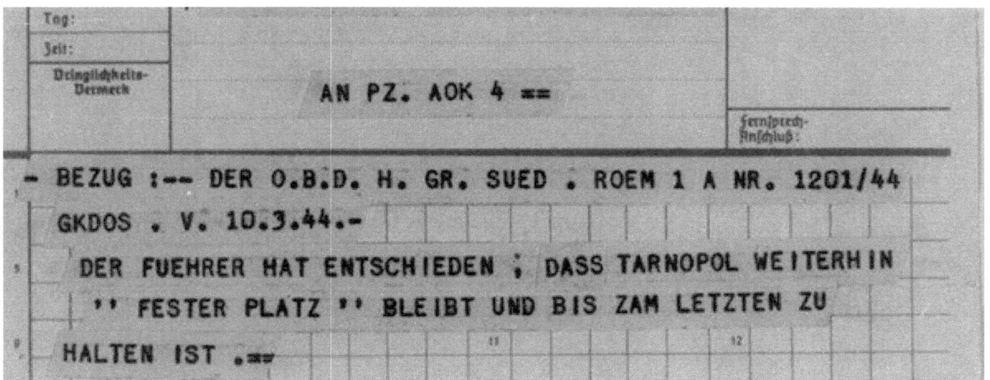

Teil der "Akte Tarnopol" auf NARA-Mikrofilmrollen der amerikanischen "National Archives and Records Administration", aus eigener Sammlung

Mein Großonkel dürfte sich aufgrund der mir vorliegenden Aktenlage mit seiner Einheit (14. Komp. Gren. Rgt. 949) in "Abschnitt Ost" aufgehalten haben.

---

[38] https://www.welt.de/geschichte/zweiter-weltkrieg/article125566767/Der-Wahnsinn-von-Tarnopol-dem-Mini-Stalingrad.html
[39] Militär & Geschichte April/Mai 2019, S. 10

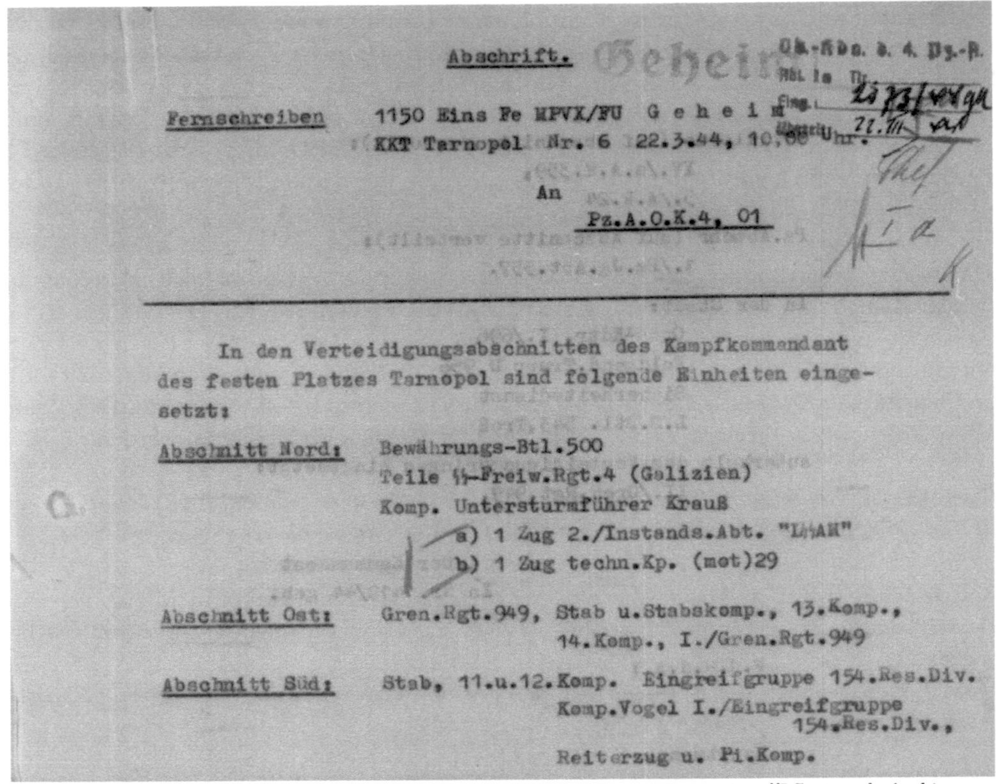

Abschrift.   Geheim

Fernschreiben   1150 Eins Fe MPVX/FU G e h e i m
                     KKT Tarnopol Nr. 6 22.3.44, 10,00 Uhr.

                                 An

                          Pz.A.O.K.4, 01

In den Verteidigungsabschnitten des Kampfkommandant
des festen Platzes Tarnopol sind folgende Einheiten eingesetzt:

Abschnitt Nord: Bewährungs-Btl.500
                     Teile SS-Freiw.Rgt.4 (Galizien)
                     Komp. Untersturmführer Krauß
                          a) 1 Zug 2./Instands.Abt. "LAH"
                          b) 1 Zug techn.Kp. (mot)29

Abschnitt Ost: Gren.Rgt.949, Stab u.Stabskomp., 13.Komp.,
                                   14.Komp., I./Gren.Rgt.949

Abschnitt Süd: Stab, 11.u.12.Komp. Eingreifgruppe 154.Res.Div.
                                   Komp.Vogel I./Eingreifgruppe
                                                154.Res.Div.,
                     Reiterzug u. Pi.Komp.

Teil der "Akte Tarnopol" auf NARA-Mikrofilmrollen der amerikanischen "National Archives and Records Administration", aus eigener Sammlung

Gemäß der mir vorliegenden Akte funkte der Kommandant des Festen Platzes Tarnopol, Egon von Neindorff (der kurz vor dem Ausbruchsversuch fiel), am 24.03.1944:

"Abschließender Feindeindruck: drei Angriffsdivisionen mit entsprechender Artillerie verstärkt durch Salvengeschütze. 30 Feindpanzer beobachtet. Habe im Festen Platz nur noch Munition zur Abwehr eines Großangriffstages ..."[40]

Ebenfalls wurde gefunkt:

"Nord und Ost nur schwerer Beschuss!"[41]

Die "Akte Tarnopol" zu lesen war keine leichte Kost, da zwischen Munitionsmangel, unzähligen Gefallenen und Nahrungsmittelknappheit die Verzweiflung selbst aus den notierten Funksprüchen hervorquoll.
Selbst Versorgungsabwürfe wurden erheblich vermasselt, dazu heißt es:

---

[40] Akte Tarnopol NARA Microfilm Rolls Pz.A.O.K.4 – Nr. 845
[41] Akte Tarnopol NARA Microfilm Rolls Pz.A.O.K.4 – Nr. 849

"Munitionsabwurf völlig unzureichend, meist unsachgemäß. Versorgungsbomben über ganze Stadt verteilt, werden zwischen Häusern nicht gefunden, dazu Feindbeschuss. Landen teils im Feind, teils See ..."[42]

Am 31.03 wurde eine dringende Meldung gefunkt, da ein Einbruch bei den beiden Bahnlinien bis zum Bahnhof in Stärke mehrerer Regimenter vonstattenging. Dabei eroberten die Sowjets die gesamte Osthälfte der Stadt, die nicht mehr zurückgewonnen werden konnte, da "eine zu starke Feindüberlegenheit herrschte"[43].

Im Abschnitt Ost meines Großonkels waren sieben Offiziere, 76 Unteroffiziere und 505 Mann stationiert. Es gab vier 7,5er- sowie zwei 3,7er-Pak. Da mein Großonkel Pak-Schütze war, wird er an einem dieser Geschütze gekämpft haben.

Pak-Bedienung bei der Ausbildung. Leonhard März: Dritter von rechts im Bild

Betrachtet man die folgenden Lagekarten, so wird ersichtlich, wie die deutschen Soldaten von den äußeren Frontabschnitten innerhalb einiger Wochen in die Stadt zurückgedrängt und eingekesselt wurden. Hierzu gibt es einmal das Lagebild am 15.03.1944 – passend zum Brief meines Großonkels.

---

[42] Akte Tarnopol NARA Microfilm Rolls Pz.A.O.K.4 – Nr. 29/14
[43] Akte Tarnopol NARA Microfilm Rolls Pz.A.O.K.4 – Nr. 206 & 559T

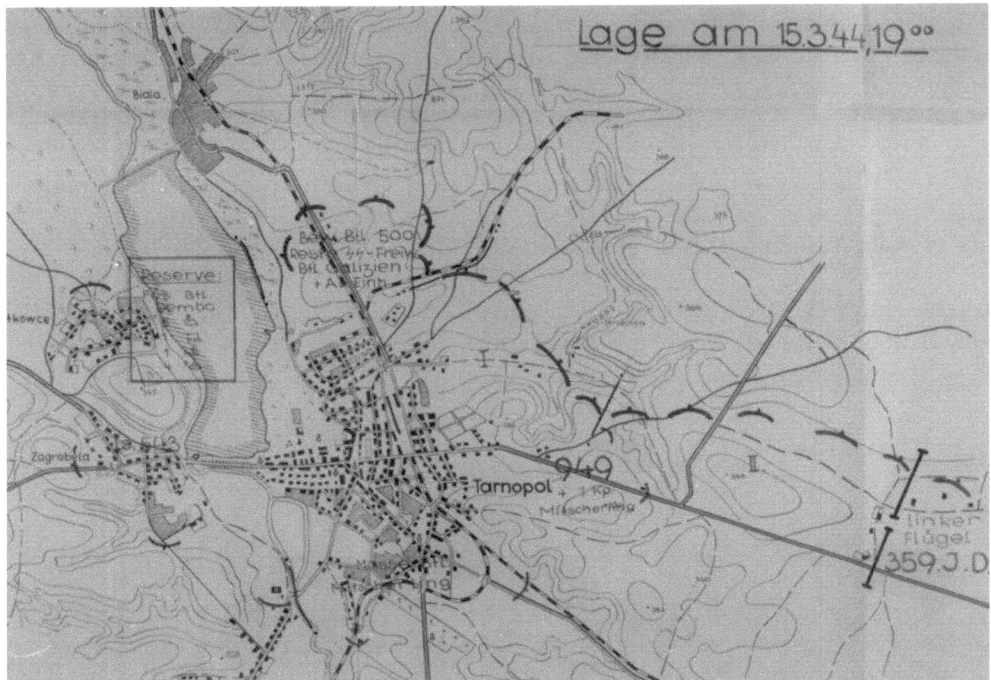

Teil der "Akte Tarnopol" auf NARA-Mikrofilmrollen der amerikanischen "National Archives and Records Administration", aus eigener Sammlung

In der Lagekarte vom 13.04.1944 – knapp einen Monat später – wird ersichtlich, wie weit die Verteidiger zurückgedrängt wurden und eingekesselt um ihr Leben kämpften, ehe sie am 16.04.1944 einen Ausbruchsversuch wagten.

Am Nachmittag des 15.04.1944 tötete eine sowjetische Fliegerbombe Generalmajor von Neindorff. Nach dessen Tod übernahm Oberst von Schönfeld das Kommando. Am Abend erteilte von Schönfeld den Befehl zum Ausbruch, der mit noch circa 1.500 marschfähigen Soldaten gegen 02:00 Uhr nachts von Zagrobela nach Westen durchgeführt wurde.

Zunächst fand ich in einer (nicht zweifelsfrei seriösen) Quelle den Hinweis, dass die 14. Kompanie des Grenadier-Regiments 949 meines Großonkels auch als Kampfgruppe "Mitscherling" bezeichnet wurde. Hiernach heißt es:

"Die Kampfgruppe Mitscherling – es war die 14./GR 949, die sich in den letzten Kämpfen mit Ihren schweren Waffen immer wieder voll eingesetzt hatte – schloss sich Ihnen an, und dann kam alles, was noch laufen konnte."[44]

---

[44] K. Kollatz – Todesorkan über Tarnopol 1944, Der Landser Großband, Nr. 530, S. 59

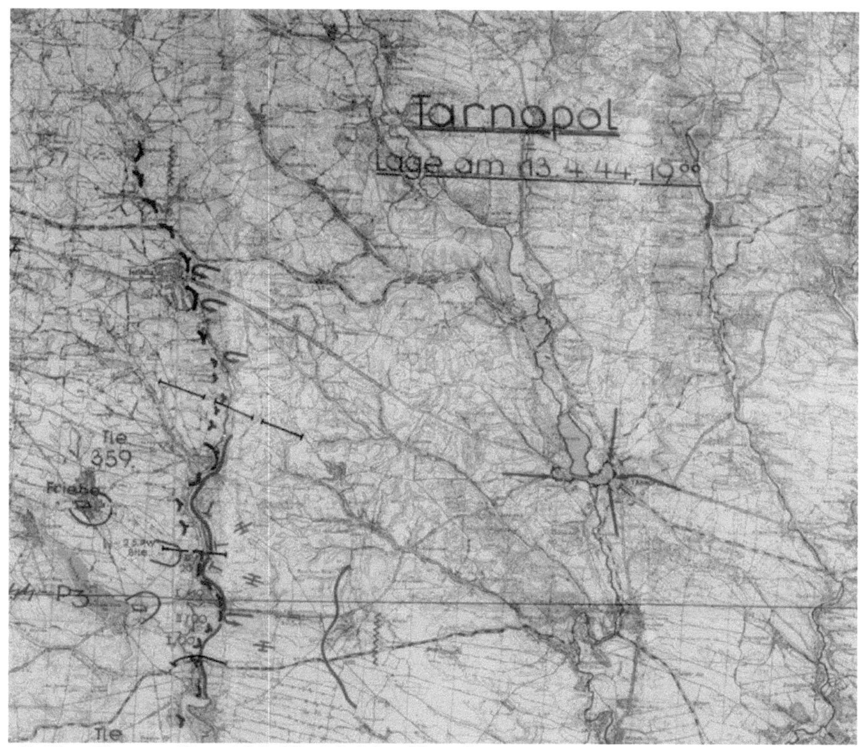

Teil der "Akte Tarnopol" auf NARA-Mikrofilmrollen der amerikanischen "National Archives and Records Administration ", aus eigener Sammlung

In der "Akte Tarnopol" wurde dieser Name für die 14/949 schließlich jedoch bestätigt. (Siehe handschriftliche Notiz in der nächsten Abbildung.)

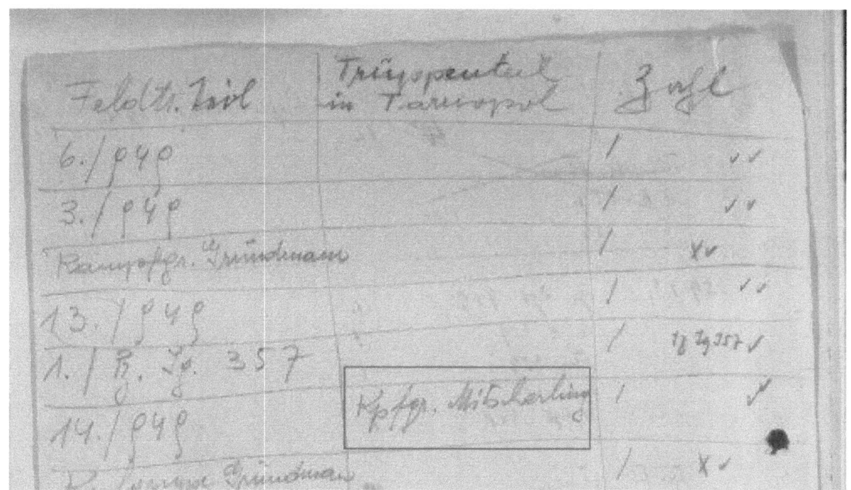

Teil der "Akte Tarnopol" auf NARA-Mikrofilmrollen der amerikanischen "National Archives and Records Administration ", aus eigener Sammlung

In der einschlägigen Literatur lässt sich zur Kampfgruppe Mitscherling jedoch nichts Konkretes finden. Ein sowjetischer Bericht spricht von einem "SS-Bataillon Mitscherling"[45], das beim Ausbruchsversuch teilweise gefangengenommen worden sei. Einer SS-Division gehörte mein Großonkel bzw. das Grenadier-Regiment 949 aber definitiv nicht an.

Es bleibt wohl ungeklärt, was es mit der Kampgruppe auf sich hatte.

Laut Frickes "Fester Platz Tarnopol" leitete Oberst von Schönfeld, der Kommandeur des Gren. Reg. 949, den Ausbruch.
Auch schreibt Fricke:

"Es ist nie bekannt geworden, in welcher Art der Ausbruch erfolgte, zumal sich die Angaben der durchgekommenen Mannschaften widersprachen."[46]

Die Schlacht, die von März 1944 bis zum Ausbruchsversuch aus dem Kessel im April 1944 andauerte, forderte unzählige Opfer. Die Besatzung Tarnopols, in verschiedenen Quellen zwischen 4.600 und 4.700 Mann stark genannt, schrumpfte auf lediglich 55 Überlebende Tarnopol-Kämpfer zusammen, die dem Kessel entfliehen konnten.

Es bleibt wenig Hoffnung, den Hergang des Ausbruchs und damit verbunden den "Rückzugskampf" meines Großonkels sowie sein genaues Schicksal nachzuvollziehen.

Diese stark verkürzte Version meiner eigenen Interpretation aufgrund der mir vorliegenden Quellen lässt daher wenig Zweifel übrig, dass mein Großonkel innerhalb der genannten Zeitperiode im Zuge der Einkesselung, der Rückzugskämpfe oder des Ausbruchsversuchs gefallen ist. Eine Gefangenschaft ist unwahrscheinlich.

Unterstrichen wird dies durch den Zeitzeugenbericht von Edgar Scheuermann[47].

Auch ist dem Bericht zu entnehmen, dass sich auf den Feldern rund um Tarnopol möglicherweise Massengräber deutscher Soldaten befinden. Genaue Standorte werden jedoch nicht angegeben.

---

[45] https://ukraina.ru/exclusive/20210510/1031321769.html
[46] Gert Fricke, "Fester Platz" Tarnopol 1944
[47] https://forschungskontor.homepage.t-online.de/Tarnopol.html

Handschriftliche Aufstellung zurückgekehrter Tarnopol-Soldaten, nach Einheiten gegliedert. Zwölf Mann des Grenadier Regiments 949 sind zurückgekehrt. Aus der 14. Kompanie waren es lediglich zwei Mann.

Weiterführend kann ich Ihnen zur Schlacht von Tarnopol folgende Literatur empfehlen:

Gert Fricke – "Fester Platz" Tarnopol 1944

Militär & Geschichte vom April/Mai 2019 – Kampf um Tarnopol

Der erschreckende, doch lesenswerte Tatsachenbericht von Edgar Scheuermann unter
https://forschungskontor.homepage.t-online.de/Tarnopol.html

Zu Besuch bei Leonhards Geschwistern

Um etwas mehr über Hartl zu erfahren, unternahm ich nach einigen abklärenden Telefonaten im Jahr 2014 eine Rundfahrt, um die letzten verbliebenen Geschwister von Leonhard zu besuchen. Ich konnte damals mit Josef, Katharina und Theresia März sprechen.

Josef März verstarb zwei Monate nach unserem Treffen nach einer Operation. Katharina März ist inzwischen ebenfalls verstorben.

Die Interviews sind nicht besonders lang, da ich die Geschwister weder in Aufruhr bringen noch "bedrängen" wollte. Ich bemerkte in den Gesprächen, dass ihnen der Verlust noch immer in den Knochen saß und dass sie nie richtig darüber hinweggekommen waren.

Auch besuchte ich den Hof in Oberbayern, wo mein Großonkel aufwuchs, und unterhielt mich dort mit meinen Verwandten über Leonhard.
Mein Großonkel war 20 Jahre alt, als er in den Krieg zog. Bis auf einige wenige Heimaturlaube sind die Erinnerungen an ihn verblasst.

Doch auch wenn über die Jahre Erinnerungen verblassen, so sind die wenigen Details noch kostbarer, die ich erfahren durfte. Ich habe den Wortlaut in den Niederschriften dieser Gespräche nicht verändert. Allerdings sind nur relevante Gesprächsteile in dieses Buch geflossen.

Im Anschluss an die Gespräche finden Sie eine kurze Übersicht über Freunde und Bekannte von Leonhard.

Besuch bei Theresia "Resl" März

Ich: Was sind deine Erinnerungen an Leonhard? Wie war er; was hat er gerne gemacht?

Antwort von Theresia: Hm … er hat viel gelesen. Leonhard hat von seinem Geld meistens nur Bücher gekauft. Es waren Kriegsbücher, ja. Der Krieg interessierte ihn sehr, als er jung war, deshalb kaufte er sich sehr viele Bücher. Er saß immer am Fenster und hat die Bücher gelesen. Wenn er gewusst hätte, dass er selbst mal in den Krieg muss … Er hat aber auch Romane gelesen. Sonst war er ein eher ruhiger Mensch, war selten wütend oder sauer. Einfach sehr ruhig.

Ich: Wie war er als Bruder?

Antwort von Theresia: Sehr verträglich, einfach der große Bruder. Leider sind meine Erinnerungen an ihn nicht mehr die besten.

Ich: In seinen Briefen schreibt er einmal, ob "Resl" die "Bilderschecks" noch sammelt. Was hatte es damit auf sich?

Antwort von Theresia: (Lacht) Ja … als wir klein waren, haben wir damals kleine Bilder, oder Bilderschecks gesammelt. Die waren meistens in Schokoladenverpackungen oder

Zigarettenschachteln drin. Hartl hat mir hin und wieder welche aus Zigarettenpackungen geschickt. Das waren damals einfach Sammelkarten, die wir Jungen gesammelt haben.

Ich: Er schreibt des Öfteren von "Göschls". Wer genau war das?

Antwort von Theresia: Hm … Göschl … ach so. Göschls waren eine Familie aus München, die dort einen Laden hatten. Unser Hof war damals ja auch ein "Urlaubsort ". Leute aus der Stadt sind hierhergekommen und haben bei uns übernachtet, so auch Göschls. Meistens sind sie am Wochenende gekommen. Deshalb haben Göschls Leonhard immer Pakete geschickt, aber nicht nur Leonhard.

Ich: Er schreibt auch von einem Magerl?

Antwort von Theresia: Magerl? Hm … das weiß ich leider nicht. Ich war damals neben Maria die Jüngste, die anderen wissen vielleicht noch mehr.

Besuch bei Josef "Sepp" März

Ich: Sepp, was sind deine Erinnerungen an Hartl?

Antwort von Josef: … Es ist da, und dann ist es wieder weg. Die Erinnerung. Es ist nicht mehr so leicht, sich zu erinnern. Ich habe ihm einen Besen auf den Kopf gehauen, weil er nicht in die Schule wollte. Oft wollte er nicht weg von daheim, da habe ich ihm einen Besen verpasst. Ah ja, … Leonhard ist weggelaufen … von Zuhause, als er sechs Jahre alt war, ist einfach davongelaufen. Einen Tag später haben meine Eltern ihn wieder gefunden … wo, weiß ich nicht mehr. Später wollte er aber nicht mehr von Zuhause weg. Er war der älteste, deshalb hätte er den Hof bekommen … Es gab wenig Streit, wir haben uns alle vertragen.

Ich: Kannst du dich sonst noch an etwas erinnern?

Antwort von Josef: Es ist schwierig … Wir haben auf dem Tisch mit Figuren immer Schlachten gekämpft.

Ich: Leonhard schreibt, er hat dich in der Kaserne noch einmal getroffen; kannst du dich noch daran erinnern?[48]

Antwort von Josef: Es war nach seinem Heimaturlaub, 1944 glaube ich. Er sagte zu mir: "In russische Gefangenschaft gehe ich nicht, die letzte Kugel gehört mir." Wenn er Zeit hatte, ich glaube, er hat sich selbst erschossen.

Ich: Denkst du, er hätte das getan?

Antwort von Josef: Hm … ich weiß es nicht. Es kann gut sein. Wir wissen nicht, was mit ihm passiert ist.

---

[48] siehe Feldpostbrief vom 02.02.1944

Ich: Gibt es sonst noch etwas, das dir einfällt?

Antwort von Josef: Ich hatte nach dem Krieg Schwierigkeiten mich einzugliedern. Wir waren alle Kameraden, aber keine Freunde. Als ich damals am Bahnhof stand, sind alle einfach in irgendeine Richtung gelaufen, ohne auf Wiedersehen zu sagen. Gesehen hat man sich auch nicht mehr. Ich konnte mit den Menschen nichts mehr anfangen. Ja … ich wollte, mit den Menschen nichts mehr zu tun haben. Ich wäre gerne in die Wüste gegangen. (Lacht leise.)

Ich: Das kann ich mir heute gar nicht vorstellen. Weißt du etwas über Berger Franz oder Winkler Sepp?

Antwort von Josef: Vom Franzl? Franzl ist, glaube ich, gefallen in Russland. Der Winkler war Hartls bester Freund und Schulkamerad.

Besuch bei Katharina "Katl" März

Ich: Du warst die Älteste, woran kannst du dich in Bezug auf Leonhard erinnern?

Antwort von Katharina: Leonhard hat viel geschrieben. Gelesen und geschrieben, das waren seine … wie sagt man … Hobbys. Er war eher ein ruhiger Mensch, und er war sehr schüchtern … das weiß ich noch. Ihn hat der Krieg sehr interessiert, mich wunderte das immer. Er hat sich viele Kriegsbücher gekauft. Immer, wenn er Geld hatte, brachte er welche mit nach Hause und hat sie gelesen. In der Schule hat er sich viel gefallen lassen, ich habe immer gesagt: Lass dir nicht alles gefallen, hau ihnen mal auf die "Goschn" (lacht). Er hat nie geschimpft, er war wirklich die Ruhe in Person. Ich weiß auch, dass er immer viele Zigaretten geraucht hat, und sie versteckt hat.

Ich: Weißt du, wie viele Briefe Leonhard geschrieben hat?

Antwort von Katharina: Ich weiß, dass es sehr viele waren. Immer, wenn er geschrieben hat, dass die Verpflegung schlecht ist, hat Mutter gesagt: "Katl kimm, jetzt mach ma dem Buam amoi wos gscheids zum Essn, und schickans eam!"[49] (lacht).

Ich: Er war doch auch auf Heimaturlaub. Kannst du dich daran erinnern, wie er zu dieser Zeit war?

Antwort von Katharina: Wenn er zuhause war, wollte er vom Krieg nichts erzählen. Ich glaube, dass er mit Vater einmal darüber gesprochen hat, aber das habe ich nicht mitbekommen. Wenn er daheim war, hat er gleich am Hof weitergearbeitet, als würde er nichts anderes tun. Ich weiß, dass er sich am liebsten versteckt hätte. Er hat geweint, und zu uns gesagt, wir sollen ihn verstecken. Hätten wir ihn doch nur versteckt, vielleicht wäre es gut gegangen. Wir haben damals nach dem Krieg von den anderen gehört, dass sich mehrere versteckt haben … Nur ein paar haben Sie erwischt und erschossen. Ach ja, nach dem Lazarett war Leonhard auch zuhause, da hat er auch geweint, als er wieder wegmusste. Er wollte nicht mehr zurück.

---

[49] Katl, komm, jetzt machen wir dem Buben (Jungen) mal etwas Richtiges zu essen und schicken es ihm!

Ich: Ich weiß, die Erinnerungen sind nicht sehr schön … Ich hoffe es ist in Ordnung?

Antwort von Katharina: Ach, das ist schon okay … Hat dir der Sepp erzählt, was er zu ihm in der Kaserne gesagt hat? (Ich nickte.) Zu mir hat er dasselbe gesagt: "Fanga loss i mi vo de Russn ned, liaba erschiess i mi."

Ich: Glaubst du, er hat es getan?

Antwort von Katharina: Ich weiß es nicht.

Ich: Kannst du etwas über die Freunde von Leonhard sagen?

Antwort von Katharina: Der Winkler war sein bester Freund: Josef Moosmang. Als er uns nach seiner Heimkehr besucht hat, fragte er uns, wo Hartl vermisst sei. Als wir sagten, dass er in Tarnopol vermisst sei, hat uns der Winkler ganz verblüfft angesehen. Scheinbar war er auch in Tarnopol, ist aber gerade noch herausgekommen. Man konnte ihm ansehen, dass es ihn sehr traurig machte. Der Wirts Emmeram ist heimgekommen. Der Schmidbauer ist, glaube ich, gefallen, und der Berger.

Ich: Gibt es noch etwas, dass dir einfällt?

Antwort von Katharina: Nicht mehr viel. Wir waren klein, und als wir groß waren, ging auch der Krieg schon los. Ich weiß nur, dass Leonhard eine Freundin hatte, die behauptete, sie sei von ihm schwanger[50]. Später dann. Ich habe den vermeintlichen Sohn schon gesehen. Meine Mutter sagte damals, er sehe aus wie Hartl. Ich finde auch, dass er genauso aussieht. Jahre später, als ich im Garten gearbeitet habe, stand auf einmal ein junger Mann am Zaun. Als ich mich umgedreht habe, bin ich fast umgefallen. Ich dachte, da stand Hartl, und habe ihn auch so genannt. Ich dachte, er wäre endlich nach Hause gekommen. Der Bub wusste nichts von seinem Vater, und man weiß auch nicht, ob es Hartls Sohn ist. Ich glaube es schon. Ich glaube, er weiß gar nichts.

Ich: Die Frage ist vielleicht etwas arg, aber wie war es damals, als ihr wusstet, dass Leonhard vermisst sei?

Antwort von Katharina: Meine Mutter hat sehr viel geweint. Ich weiß noch, wie sie damals zu einer Hellseherin gegangen ist. Die Hellseherin war bekannt, weil schon damals viele zu ihr gekommen sind wegen den Söhnen im Krieg. Meistens hat es sich als richtig erwiesen, was die Frau sagte. Zu meiner Mutter hat Sie gesagt: "Für Leonhard könnt ihr beten, der lebt nicht mehr!" Ich weiß nicht, ob man so was glauben kann. Vater hat alles Mögliche in Bewegung

---

[50] Durch die erste Auflage meines Buches im Jahr 2014 erreichte mich ein Jahr später eine Nachricht von Leonhards Enkel. Bis zu diesem Zeitpunkt war es nicht mehr als ein Gerücht, dass Leonhard ein Kind hatte. Ich habe mich mit Leonhards Enkel als auch seinem Sohn getroffen und habe ihnen die meisten Nachlässe überlassen. Nach dem Besuch besteht kein Zweifel, dass Leonhard direkte Nachfahren hat. Das Buch hat die Familie sehr berührt … Es war der bewegendste Moment meiner Reise.

gesetzt, aber damals konnte man nicht viel tun. Man lebte halt weiter. Irgendwann vergeht all das ein wenig.

Personen

Damals – und teilweise noch heute – war beziehungsweise ist es eine bayrische Eigenart in ländlichen Regionen, seine Bekannten und Freunde mit dem Namen des Hofes anzusprechen. Dadurch können sehr viele Missverständnisse aufkommen. Hieß jemand namens Fritz beispielsweise mit Nachnamen Mooser, wohnte aber auf dem Hofe Pfeiffer (Die Hofnamen etablierten sich oft bereits kurz nach dem Bau und wurden auch beim Wechsel des Besitzers beibehalten), so wäre man nicht mit Fritz Mooser, sondern mit "Pfeiffer Fritz" angesprochen worden. Diese bayrische Eigenart erschwert es, Menschen aus der Landwirtschaft ihren richtigen Nachnamen zuzuordnen.

"Winkler Sepp" war Josef Moosmang (*1921, †2003).
Er war der damals beste Freund von Leonhard März gewesen und überlebte den Krieg. Es stellte sich heraus, dass auch er in Tarnopol gekämpft hatte, jedoch drei Tage vor der Einschließung durch die Rote Armee herauskam. Näheres konnte ich dazu nicht herausfinden.
Josef Moosmang heiratete am 15.05.1956 Anna Mair. Sie bekamen drei Kinder. Er verstarb im Jahr 2003.[51]

"Berger Franz" war Franz Harrer (* 26.03.1921, Todesdatum nicht bekannt).
Er überlebte den Krieg.[52]

"Schmidbauer" war Gottfried Vögtle (*03.06.1924, †28.10.1943), ein Freund des Bruders Josef März. Er fiel im Krieg.[53]

"Wirts Emmeran" war Emmeran Huber, (*06.11.1921, Todesdatum nicht bekannt). Emmeran war ein Schulkamerad von Leonhard. Er überlebte den Krieg.[54]

Göschls waren eine Familie aus München, die einen Laden besaßen. Sie kamen oft auf Urlaub nach Oberbayern und schickten Leonhard deshalb viele Pakete.

---

[51] Agnes Wagner, Dietramszell, Chronik Band 3 "Die Leiten", Erzählung meiner Großtante
[52] Agnes Wagner, Dietramszell, Chronik Band 3 "Die Leiten", Erzählung meiner Großtante
[53] Agnes Wagner, Dietramszell, Chronik Band 3 "Die Leiten", Erzählung meiner Großtante
[54] Agnes Wagner, Dietramszell, Chronik Band 3 "Die Leiten", Erzählung meiner Großtante

Dokumente

Es war mir ein Bedürfnis, folgende Dokumente aus meinen Unterlagen in diesem Buch zu zeigen. Anhand der kurzen Zeitspanne bis zum Kriegseintritt meines Großonkels wird erkennbar, dass auch er eigentlich noch ein Kind war, das in einen Krieg ziehen musste, der sein junges Leben grausam beenden sollte.

Leonhard hätte es wohl nicht für möglich gehalten, dass er nur noch zehn Jahre zu leben hat, als er im Jahr 1934 das Zeugnis der Volkshauptschule entgegennahm …

Führerschein von Leonhard März aus dem Jahr 1939

Schlußzeugnis der Volkshauptschule.

März Leonhard

(Familienname und Vorname)

geboren am 22. April 19 21 in Reinsberg,

Bez.-Amt Wolfrathausen, Bekenntnis: katholisch

Sohn / Tochter des Bauern Leonhard März von Reinsberg

hat die Volkshauptschule vom 28. April 19 27 bis 24. März 19 34,

zuletzt den 7. Schülerjahrgang

mit lobenswerten Fleiß

und lobenswertem Betragen

besucht und sich folgende Benotung erworben:

Religion: lobenswert

Deutsche Sprache: lobenswert

Singen: entsprechend

Heimatkunde:

Erdkunde: lobenswert

Geschichte: lobenswert

Naturkunde: lobenswert

Hauswirtschaft:

Rechnen: lobenswert

Zeichnen:

Turnen: entsprechend

Handarbeit:

Bemerkungen:

D. Schüler wird hiermit aus der Volkshauptschule entlassen, bleibt aber zum Besuche der Volks- oder der Berufsfortbildungsschule oder einer sie ersetzenden Schuleinrichtung verpflichtet.

den 24. März 19 34.

D. Klaßlehrer: Haas Martin

Der Bezirksschulrat: Müller

Notenstufen: hervorragend — lobenswert — entsprechend — mangelhaft — ungenügend.

Vordruck 5a.

Nr. 72. Verlag von J. Maiß, München.

Gebühr: 50 ₰.

Zeugnis der Volkshauptschule aus dem Jahr 1934

Entlassungszeugnis der Volksfortbildungsschule aus dem Jahr 1937

Nachwort

Die Eingebung, die Geschichte meines Großonkels zu erzählen, gründet sich auf ein Bauchgefühl – auf Intuition. Leonhard März ist ein Verwandter, jedoch kein mir Nahestehender. Er ist der Bruder meiner Großmutter, der nie heimkehrte.

Und doch erdrückte mich sein Schicksal auf eine nicht zu beschreibende Art und Weise so immens, dass die Suche nach ihm zu einer spannenden, aber auch emotionalen Reise wurde.

Jede einzelne Briefseite führte mir vor Augen, wie wertvoll und gleichzeitig zerbrechlich das Leben ist. Ich las die Zeilen eines verschwendeten Lebens, die Zeilen einer verheizten Generation.

Gebeutelt durch die Nachwirkungen des Ersten Weltkriegs, vertrauten die Menschen einem Führer, der ihnen eine bessere Zukunft versprach.

Stattdessen verloren mehr als 65 Millionen Menschen (und auch viele Tiere) ihr Leben auf teils grausamste Art und Weise.

Heute ist diese Zeit nicht mehr als furchtbare Vergangenheit. Ein Teil der Geschichte.

Aber auch heute führen wir Krieg, auch heute brennt unsere Welt.

Dabei spielt es keine Rolle, welcher Nation wir angehören, welcher Religion wir unseren Glauben schenken, ob unser Lebensstil einander entspricht.

Die Menschheit sollte als Einheit agieren – wo Überfluss herrscht, sollte es keinen Hunger geben, und wo Häuser fehlen, sollten keine Kriege herrschen.

Genau jetzt wäre es Zeit, dass alle in Frieden leben.

Die Geschichte hat uns oftmals bewiesen, dass Kriege keine Lösung sein können. Und die entscheidungstragenden Machthaber verrecken auch nicht grausam an der Front. Es sind die einfachen Soldaten, die hungernd, leidend und voller Sehnsucht den Tod für eines anderen Kampfes sterben.

Die Geschichte sollte sich niemals wiederholen.
In gewisser Weise tut sie es aber. Jeden Tag.

Ich hoffe, dass eines Tages Friede auf Erden herrscht.
Ich hoffe, dass nicht noch mehr solcher Bücher notwendig sind, um Geschichten von Menschen zu erzählen, die niemals gelebt, sondern nur gelitten haben.

Auf eine friedliche Welt.

Markus Bauer, 08.02.2022

Danksagung

Die Arbeit an diesem Buch erfüllte mich gleichzeitig mit Ehrfurcht, tiefer Trauer und Zufriedenheit darüber, die Geschichte eines Menschen erzählen zu dürfen, der wie alle seiner Generation ein Andenken verdient.

Ohne die Mithilfe einiger lieber Menschen wäre dieses Buch jedoch niemals zustande gekommen und die Geschichte meines Großonkels wäre für immer verloren gewesen.

Ich bedanke mich zunächst bei Ihnen, dem werten Leser, der Geschichte meines Großonkels gefolgt zu sein sowie Zeit mit ihr verbracht zu haben.

Ganz besonders möchte ich mich bei **Diana Franz-Schönfeld** bedanken, die mir in unzähligen Stunden jeden Brief von Leonhard in seiner grammatikalischen Eigenheit transliteriert und dieses Buch überhaupt erst möglich gemacht hat. Ohne die Hilfe und diese Leistung wäre dieses Buch unmöglich gewesen. Dafür danke ich dir von Herzen, **Diana**!

Ferner danke ich **Jill Marc Münstermann** von EK-2 Publishing für die herausragende Arbeit, um diesem Buch neues Leben einzuhauchen als auch für die Unterstützung, die Geschichte meines Großonkels in die Welt zu tragen

Danken möchte ich auch der Plattform **www.Forum-der-Wehrmacht.de,** die sich sehr dafür einsetzt, allen Mitgliedern bei ihren persönlichen Anfragen zu Angehörigen, aber auch bezüglich geschichtlicher Nachforschungen zu helfen.

Ein ebensolches Mitglied, **Herbert aus Lünen**, unterstützte mich bei Fragen zur 293. wie auch zur 359. Infanterie-Division und erlaubte mir, seinen Beitrag in dieses Buch mit aufzunehmen.

Auch danke ich meinem **Großonkel Josef März und seiner Frau** für die Erzählungen über Leonhard und für das Überlassen einiger Fotos. Josef März verstarb am 30.09.2014. Mögest du in Frieden ruhen.

Ich danke meinen beiden **Großtanten Theresia und Katharina** für die kurzen Einblicke in Leonhards Leben. Katharina März ist inzwischen verstorben. Mögest du in Frieden ruhen.

Mein Dank, den ich ebenfalls gen Himmel sende, richtet sich zudem an meine verstorbene **Großmutter Maria Schmid, geborene März,** (*29.12.1930, †08.01.2012). Ohne deine sorgfältige Aufbewahrung hätte diese Geschichte nie das Licht der Welt erblickt. Ruhe in Frieden.

Ich danke meiner Mutter, **Christine Bauer,** für die Familienkontakte, die ohne sie niemals zustande gekommen wären. Dann wären mir tiefere Einblicke in Leonhards Leben verwehrt geblieben.

Auch meinem Vater, **Michael Bauer,** danke ich für unzählige Gespräche über den Krieg, die er mit meinem Großvater führte, um letztendlich mein Interesse am Kriegsgeschehen hervorzubringen.

Ich danke meiner Arbeitskollegin **Maria Koch** für die Übersetzung des russischen Vermisstengesuches aus dem Jahr 1947.

Für Anregungen, Kritik, Lob oder einfach Interesse können Sie mich unter folgender E-Mail-Adresse erreichen: diegeschichtemeinesgrossonkels@web.de

Steckbrief von Leonhard März

Leonhard März wurde am 22.04.1921 als ältester Sohn von Josef und Katharina März in Oberbayern geboren. Es folgten fünf Geschwister: sein Bruder Karl, Schwester Katharina, Bruder Josef, Schwester Theresia und Schwester Maria (meine Großmutter).

Von links: Karl mit Hund, Theresia, Leonhard mit Hund, Maria (meine Großmutter), ein Hofbesucher, Katharina und Josef

Da Leonhard bereits mit 20 Jahren in den Krieg gezogen wurde und seit inzwischen 78 Jahren als vermisst gilt, ist es mir nicht möglich, eine vollständige "Vorkriegsgeschichte" zu erzählen.

Militärischer Werdegang

Name: Leonhard März
Geburtsdatum: 22.04.1921
Geburtsort: Oberbayern
Letzter Dienstgrad: Obergefreiter
Vermisst: 03./04.1944 in Tarnopol

Militärischer Werdegang:

Eingerückt am 04.02.1941 in die Adolf-Hitler-Kaserne in München zur Infanterie-Panzer-Jäger-Ersatz-Kompanie
Erkennungsmarke: -1142- I. Pz. Jäg. Ers. Kp. 7

Truppenteil:

Lt. Meldung von Februar 1941 und lt. Meldung vom 08.08.1941: Infanterie-Panzer-Jäger-Ersatz-Kompanie in München

Lt. Meldung von August 1941: Feldersatz-Bataillon 293, Unterstellung: 293. Infanterie-Division, Einsatzraum Gomel

Lt. Meldung vom 25.08.1941 und lt. Meldung vom 16.12.1942: Infanterie-Regiment 512 – ab 10/42 Grenadier-Regiment 512, Unterstellung: 293. Infanterie-Division, Einsatzraum Gomel, Kiew, Brjansk, Kursk, Jelez, Orel, Bolchov, Orel

Am 16.12.1942 Hepatitis, Behandlungen: Feldlazarett Bryask (Briansk), Krankensammelstelle Bryask (Briansk), Reservelazarett Wien, Reservelazarett Semmering

Lt. Meldung vom 13.04.1943: Infanterie-Ersatz-Bataillon 68, Standort Gnesen/Warthegau

Lt. Meldung vom 20.05.1943: Infanterie-Panzer-Jäger-Ersatz-Kompanie 218, Standort Berlin-Spandau

Lt. Meldung vom 27.05.1943 und lt. Meldung vom 08.09.1943: Grenadier-Regiment 512, Unterstellung: 293. Infanterie-Division, Einsatzraum Mittelrussland

Am 08.09.1943 nordostwärts von Ochotschoje verwundet, Granatsplitter rechtes Handgelenk, Behandlungen: Hauptverbandsplatz, Reservelazarett Gmünden, Reservelazarett Grundsee

Lt. Meldung vom 16.10.1943: Infanterie-Panzer-Jäger-Ersatz-Kompanie 218, Standort Berlin-Spandau

Lt. Meldung vom 07.12.1943: 14. Kompanie Grenadier-Regiment 949, Unterstellung 359. Infanterie-Division, Einsatzraum Tarnopol, Beskiden, Schlesien

Kriegsgefangenschaft:
Keine Aufzeichnungen

Auszeichnungen:
Eisernes Kreuz 2. Klasse
Winterschlacht im Osten 1941/1942 (Ostmedaille)
Verwundetenabzeichen in Schwarz[55]

Familie März, von links: Vater Leonhard März, Sohn Leonhard (Hartl), vorne Karl März, Großmutter Maria, hinten Katharina März, vorne Josef (Sepp) März, Theresia März und Mutter Katharina März (Geer)

---

[55] Quellen: Auskunft der WASt, Ergänzungen durch private Familienaufzeichnungen

Über Leonhards Einheiten

Die 293. Infanterie-Division im Ostfeldzug

Juni bis September 1941

Aus dem Bereitstellungsraum der Division südlich von Siedlce, beiderseits Latowics am Swider, ging es für die Division über den Raum Brest-Litowsk durch die Rokitno-Sümpfe (Pripjet-Gebiet) bis Pinsk und weiter in den Raum David Gorodok. Hier fanden Säuberungskämpfe und Kämpfe mit versprengten Feindeinheiten statt, auch um die Stadt David Gorodok und Mozyr wurde gerungen.

Angriffskämpfe bei und südlich Petrikow, am Bobryk und am Ptitsch.

Der weitere Vormarsch führte die Division mit Übergang über den Dnjepr bei Retschiza bis nach Gomel. Die Division schwenkte nach Süden ein und musste bei Grusdowiza am Ssnow und im Raum Tschernigow Abwehrkämpfe bestehen.

Weiterer Vormarsch gen Süden über Njeshin und Pirjatin in den Raum Gorodischtsche und Teilnahme an der Schlacht um Kiew. Dabei stand die Division Ende September am Südrand des Kessels von Brjansk. Es folgten Angriffs- und Abwehrkämpfe westlich von Kromy an der Straße Sswesk-Trubtschewsk.

Anschließend Marsch nach Norden zur Desna über Priluki und Bachmatsch bis Nowgorod Sjewersk. Dazwischen ereigneten sich Angriffs- und Abwehrkämpfe bei Sew Krasnaja und im Raum Kokorewka, Ssusemka und Schilinka.

Oktober bis November 1941

Vorstoß und Vormarschkämpfe über Seredina-Buda, südlich an Orel vorbei, Darischtschi, Nowosil, Goliza, über die Eisenbahnlinie Moskau-Jelez in den Raum von und auf Jefremow mit anschließenden Abwehrkämpfen westlich und südöstlich der Stadt.

Dezember 1941

Rückzugskämpfe über Golowkina nach Mzensk zur Straße Orel-Tula.

Januar bis September 1942

Stellungskämpfe nördlich von Nowossil an der Ssusha.

September 1942 bis Juli 1943

Stellungskämpfe während der Abwehrschlacht im Orel-Bogen nördlich von Bolchow an der Linie Shisdra-Bjelew.

Juli bis August 1943

Schwere und verlustreiche Rückzugskämpfe über Bolchow und Orel in den Raum Karatschew und Brjansk ("Hagen-Stellung"). Von hier verlegte der Verband im Eiltransport nach Poltawa.

September bis Oktober 1943

Einsatz im Raum südlich von Charkow und Rückzug über Krasnograd hinter den Dnjepr südlich Krementschug. Verlustreiche Kämpfe bei Ssnamenka-Kirowograd-Pantschewo am Westufer des Dnjepr.

November 1943
Rückzug in den Raum Uman und Zusammenfassung der Restteile zu einer Kampfgruppe mit Eingliederung als Divisionsgruppe 293 (Regimentsstärke) in die Korpsabteilung A.

Verlegung weiterer Teile (Stab, Stäbe der Einheiten, Nachrichtenabteilung und Versorgungsgruppen) auf den Truppenübungsplatz Radom zur Auflösung und Neuaufstellung als 359. ID.[56]

Infanterie-Ersatz-Bataillon 68

13.04.1943
Standort Gnesen/Warthegau

Das **Infanterie-Ersatz-Bataillon 68** wurde bei der Mobilmachung am 26. August 1939 in Brandenburg, im Wehrkreis III, aufgestellt. Das Bataillon unterstand der Division 153 und stellte den Ersatz für die 23. Infanterie-Division. Anfang Dezember 1939 machte das Bataillon Abgaben zur Aufstellung des II. Bataillons vom Infanterie-Regiment 310. Anfang Mai 1941 machte das Bataillon Abgaben zur Aufstellung des II. Bataillons vom Infanterie-Regiment 743. Anfang Juli 1942 gab das Bataillon eine Kompanie zur Aufstellung des Infanterie-Regiment 112 ab, sie wurde danach wieder ersetzt. Anfang September 1942 machte das Bataillon größere Abgaben zur Aufstellung des II. Bataillons vom Infanterie-(Feldausbildungs-)Regiment 618. Am 1. Oktober 1942 wurde das Bataillon in Brandenburg in ein **Infanterie-Ersatz-Bataillon 68** und ein **Reserve-Infanterie-Bataillon 68** geteilt. Das Ersatz-Bataillon unterstand ab diesem 1. Oktober 1942 der Division 463. Das Reserve-Bataillon unterstand nach der Teilung der 153. Reserve-Division und wurde nach Dubno in die Ukraine verlegt. Die beiden Bataillone wurden am 7. November 1942, bzw. 3. November 1942 zum **Grenadier-Ersatz-Bataillon 68** bzw. **Grenadier-Ausbildungs-Bataillon 68** umbenannt. Am 22. Januar 1943 wurde das Ersatz-Bataillon erneut umbenannt, diesmal zum **Füsilier-Ersatz-Bataillon 68**. Das Reserve-Bataillon wurde am 29. März 1943 zum II. Bataillon vom Grenadier-(Feldausbildungs-)Regiment 23 auf der Krim umgebildet. Das Ersatz-Bataillon wurde am 20. Juli 1944 zum **Füsilier-Ersatz- und Ausbildungs-Bataillon 68** erweitert. Die Ausbildungs-Kompanien wurden im Februar 1945 als Marsch-Bataillon Brandenburg in der Division z.b.V. 606 mobil gemacht. Im April 1945 wurde auch das Ersatz-Bataillon mobilisiert.[57]

Infanterie-Panzer-Jäger-Ersatz-Kompanie 218

20.05.1943
Standort Berlin-Spandau

Das **Infanterie-Ersatz-Regiment 218** wurde am 26. August 1939 in Spandau, im Wehrkreis III, aufgestellt. Das Regiment bildete den Stab für die Ersatz-Bataillone der 218. Infanterie-Division. Das Regiment unterstand anfangs dem Kommandeur der Ersatztruppen III. Im Herbst 1939 gehörten dadurch die Infanterie-Ersatz-Bataillone 323, 386 und 397 zum

---

[56] Quellen: DRK Divisionsschicksale, Thies: Truppenkennzeichen, User Herbert aus dem Forum der Wehrmacht
[57] http://www.lexikon-der-wehrmacht.de/Gliederungen/InfErsBat/InfErsBat68-R.htm

Regiment. Ab dem 12. Dezember 1939 unterstand das Regiment der Division 153. Im Sommer 1940 unterstanden dem Stab die Infanterie-Ersatz-Bataillone 67, 203 und 397. Am 19. September 1942 wurde das Regiment zum **Reserve-Infanterie-Regiment 218** umgebildet. Ab dem 1. Oktober 1942 unterstand das Regiment der 153. Reserve-Division. Am 15. Oktober 1942 wurde das Regiment zum **Reserve-Grenadier-Regiment 218** umbenannt. Das Regiment wurde auch noch im Herbst 1942 in die Ukraine nach Schepetowka verlegt. Dort unterstanden dem Stab Ende 1942 die Reserve-Grenadier-Bataillone 67, 203 und 309. Am 1. Januar 1943 wurde das Regiment zur Umgliederung in die Krim verlegt. Ab dem 15. Januar 1943 unterstand das Regiment der 153. (Feldausbildungs-)Division. Am 29. März 1943 wurde das Regiment umgebildet zum **Grenadier-(Feldausbildungs-)Regiment 218**. Dabei entstand das I. Bataillon aus dem Reserve-Grenadier-Bataillon 67, das II. Bataillon aus dem Reserve-Grenadier-Bataillone 203 und das III. Bataillon aus dem Reserve-Grenadier-Bataillone 309. Dazu besaß das Regiment jetzt noch je eine Nachrichten-Kompanie, Panzerjäger-Kompanie und Pionier-Kompanie. Die im März 1944 geplante Umbenennung zum Grenadier-(Feldausbildungs-)Regiment 716 wurde nicht mehr durchgeführt. Das Regiment wurde 1944 auf der Krim vernichtet. Nur das III. Bataillon wurde in Bessarabien zum II. Bataillon vom Grenadier-(Feldausbildungs-)Regiment 715 umgegliedert.[58]

Grenadier-Regiment 949

14. Kompanie (Panzer-Jäger-Kompanie)
07.12.1943 bis 03/04. 1944
Unterstellung: 359. Infanterie-Division
Einsatzraum: Tarnopol, Beskiden, Schlesien

Neuaufstellung der 359. Infanterie-Division auf dem Truppenübungsplatz Radom.

März bis Juli 1944
Einsatz im Raum Tarnopol (Vernichtung des Inf. Rgt. 949 und von Teilen des Art. Reg. 359). Abwehrkämpfe an der Strypa beiderseits der Straße Tarnopol-Brzezany.

Juli bis August 1944
Rückzugskämpfe über Rohatyn, Stryj in den Raum Skole, beiderseits der Beskidenpass-Straße

September 1944 bis Januar 1945
Stellungskämpfe im Raum Depica ostwärts Tarnow am Weichsel-Übergang bei N. Korczyn. Verlustreiche Rückzugskämpfe über Mogila, den Südrand von Krakau, Mogylany in den Raum Pleß.

Februar bis Mai 1945
Einsatz im Raum Bielitz-Schwarzwasser. Transport in den Raum Schweidnitz-Zobren, südwestlich Breslau, Stellungskämpfe. Rückzug über Reichenbach ins Eulengebirge.
Kapitulation, sowjetische Gefangenschaft

---

[58] http://www.lexikon-der-wehrmacht.de/Gliederungen/InfErsRgt/InfErsRgt218-R.htm

Ihre Zufriedenheit ist unser Ziel!

Liebe Leser, liebe Leserinnen,

hat Ihnen unser Buch gefallen? Haben Sie Anmerkungen für uns? Kritik? Bitte zögern Sie nicht, uns zu schreiben. Wir werden jede Nachricht persönlich lesen und beantworten.

Schreiben Sie uns: info@ek2-publishing.com

Wussten Sie schon, dass Sie uns dabei unterstützen können, deutsche Militärliteratur sichtbarer zu machen? Bitte nehmen Sie sich einen Moment Zeit und bewerten Sie dieses Buch auf Amazon. Viele positive Rezensionen führen dazu, dass das Buch mehr Menschen angezeigt wird.

Sie können somit mit wenigen Minuten Zeitaufwand unserem kleinen Familienunternehmen einen großen Gefallen tun. Vielen Dank für Ihre Unterstützung!

PS: In seltenen Fällen kommt ein Buch beschädigt beim Kunden an. Bitte zögern Sie in diesem Fall nicht, uns zu kontaktieren. Selbstverständlich ersetzen wir Ihnen das Buch kostenlos.

Eine Veröffentlichung von EK-2 Publishing GmbH

Friedensstraße 12
47228 Duisburg
Registergericht: Duisburg
Handelsregisternummer: HRB 30321
Geschäftsführerin: Monika Münstermann

E-Mail: info@ek2-publishing.com
Website: www.ek2-publishing.com

Alle Rechte vorbehalten

Cover: Tkpalad
Autor: Markus Bauer
Lektorat: Jill Marc Münstermann

3. Neuauflage, April 2023
ISBN Taschenbuch: 978-3-96403-219-5, Hardcover ISBN: 978-3-96403-220-1

500 Briefe Sehnsucht

OSTFRONT, GEFANGENSCHAFT, FLUCHT
EIN BEWEGENDES SCHICKSAL IM 2. WELTKRIEG

DIRK CHERVATIN

500 Briefe Sehnsucht

3 Jahre Ostfront, 4,5 Jahre in Kriegsgefangenschaft, zuletzt in einer tschechoslowakischen Uranmine, dann eine spektakuläre Flucht – »500 Briefe Sehnsucht« erzählt die bewegende Geschichte des Soldaten Josef Chervatin

Mit diesem Buch erhalten Sie ein einmaliges Zeugnis deutscher Zeitgeschichte. Die Briefe und der Fluchtbericht des Soldaten Josef Chervatin machen den Krieg in all seiner Grausamkeit erlebbar. Tausende Kilometer von seiner Frau und seinem Sohn entfernt, versuchte Josef Chervatin mit vielen hundert Briefen dennoch ein guter Ehemann und liebender Vater zu sein. Es gehört zu den emotionalen Highlights dieses Buches, wenn seine Frau für 6 Wochen ins Krankenhaus muss. Ihr 10-jähriger Sohn bleibt allein zu Hause, und Josef Chervatin kann nichts anderes tun, als ihm aus der Ferne schriftlich Mut zuzusprechen.

Was Sie von diesem Buch erwarten dürfen

- Einmalige Einblicke in die Gefühls- und Gedankenwelt eines deutschen Soldaten im Weltkrieg
- Eine emotionale Achterbahnfahrt durch mehr als 500 Briefe voller Hoffnung, Trauer, Wut und endloser Sehnsucht
- Ein packender Bericht über die spektakuläre Flucht aus tschechoslowakischer Kriegsgefangenschaft
-

Es ist gerade das Alltägliche, das »500 Briefe Sehnsucht« zu einem einzigartigen Leseerlebnis macht … die aus den Zeilen hervorquellende Sehnsucht … Das zeitgenössische Sinnieren über die Zukunft … Das Hoffen auf eine Zeit, in der die Familie nie wieder getrennt sein muss.

Klappentext

Josef Chervatin, Soldat in der 329. Infanterie-Division "Hammer", hat während seines Kriegsdienstes zwischen 1942 und 1945 sowie der anschließenden Gefangenschaft mehr als 500 Briefe an seine Frau und seinen Sohn geschrieben. Sie legen auf erschütternde Weise Zeugnis ab von der Gefühlswelt eines Mannes, der in die Hölle der Ostfront geworfen wurde, während ihn die Sorge um seine Familie zerfrisst, die schutzlos dem Bombenkrieg ausgeliefert ist.

Josef Chervatin versuchte dabei stets, seine Rolle als Familienvater aus der Ferne auszufüllen. Er schrieb väterliche Ratschläge an seinen Sohn und suchte seine Frau durch tröstende Worte aufzubauen. Dabei lassen seine Zeilen immer wieder erahnen, in welche menschlichen Abgründe er an der Ostfront blickte.

Zwischen der Hoffnung auf Frieden, Alltagsproblemen und der ständigen Angst um seine Lieben legt diese Briefsammlung auf bewegende Weise Zeugnis ab vom Grauen des Krieges – für die Soldaten an der Front wie für die Familien daheim.

Nach mehr als vier Jahren in Kriegsgefangenschaft, wagte Josef Chervatin schließlich die Flucht. Ein Wiedersehen mit seiner Familie war sein Antrieb. Neben seinen Briefen beinhaltet dieses Buch auch einen Bericht von dieser Flucht, den der Soldat Chervatin nach seiner Heimkehr verfasste.